Melanie Schüer

Glauben heißt nicht Hirn ausschalten

Über die Autorin

Melanie Schüer ist Kinder- und Jugendlichenpsychotherapeutin und hat Erziehungswissenschaft und Germanistik studiert. Sie arbeitet zudem als freie Autorin und ist Mutter von zwei Kindern.

Melanie Schüer

Glauben heißt nicht Hirn ausschalten

Eine Entdeckungsreise rund ums Denken, Glauben, Zweifeln

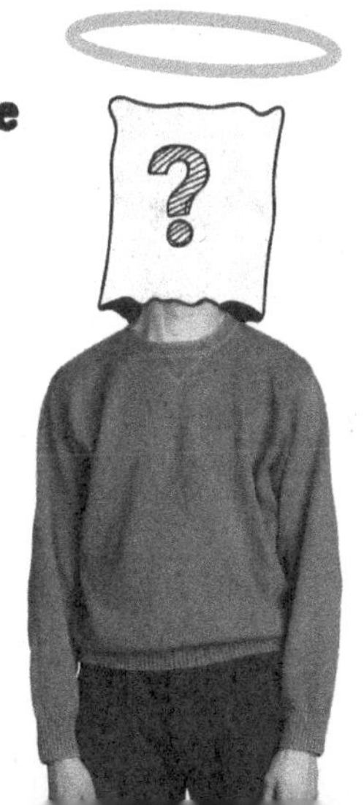

Inhalt

Einleitung ... 7

1 Ferien komplett vermasselt? ... 9

2 Ankunft beim verrückten Professor ... 13

3 Kann man wirklich glauben, ohne sein Hirn auszuschalten? ... 23

4 Schöpfung, Urknall, alte Hüte ... 35

5 Die Sache mit Jesus ... 49

6 Und was ist mit den anderen Religionen? ... 67

7 Wie kann ein liebender Gott so viel Leid zulassen? ... 81

8 Der Sprung ins kalte Wasser ... 105

Nachwort ... 120

Anhang ... 122

Einleitung

Hey, du,

schön, dass du einen Blick hineinwagst in dieses dünne, aber ganz bestimmt nicht flache Buch!

„Nicht flach", damit meine ich, dass du eines auf den kommenden Seiten sicher nicht finden wirst: oberflächliches Gerede. Nein, es wird richtig zur Sache gehen, denn ich bin jemand, der den Dingen wirklich auf den Grund gehen will. Und jemand, der gerne Klartext spricht!

Ach so, vielleicht sollte ich mich erst einmal vorstellen. Also: Ich bin Quinn, 15 Jahre alt und wohne mit meinen Eltern in Norddeutschland. Geschwister habe ich keine, leider, wie ich finde, denn manchmal ist es ganz schön langweilig, nur mit Erwachsenen.

Meine letzten Ferien waren allerdings alles andere als langweilig – da ist so viel passiert, dass mir immer noch ganz schwindlig wird, wenn ich dran denke. Aber es war auch eine richtig spannende Zeit, die mich echt weitergebracht hat. Womit weitergebracht? Ach, lies am besten einfach selbst!

Aber so viel kann ich hier schon verraten: Es geht um echt harte Nüsse, mit denen ich mich beschäftigt habe – um richtig schwierige Fragen: Was ist der Sinn des Lebens? Woher kommen wir? Warum gibt es so viel Leid auf der Welt? Kann man als kluger, vernünftiger Mensch heutzutage wirklich noch an Gott glauben? Und ich könnte hier noch mehr solcher Fragen anfügen.

Was ich auf jeden Fall mitgenommen habe aus dieser Zeit mit meinem ziemlich schlauen Onkel Matteo (der ist Chemieprofessor!): Fragen und Zweifel sind erlaubt! Sie gehören zum Denken dazu, und du solltest nie irgendetwas blind glauben.

Ich habe keine Ahnung, wie du über all das denkst. Aber was auch immer du glaubst: Ich denke, dieses Buch kann dir einige spannende Gedanken und Anregungen bieten!

Lass dich einfach mal auf das ein, was ich so erlebt und mit meinem Onkel bequatscht habe. Lass es auf dich wirken und mach dir deine ganz eigenen Gedanken dazu.

Viel Spaß,
dein Quinn

Ferien komplett vermasselt?

„Wie jetzt, ich soll zwei Wochen bei meinem seltsamen Onkel verbringen, den ich kaum kenne?!" Quinn musste sich erst einmal setzen, so schockiert war er von diesem Plan, den ihm seine Eltern gerade präsentiert hatten.

Der Grund für diese abgefahrene Idee war: Seine Eltern mussten spontan auf Geschäftsreise, die fast die kompletten Herbstferien dauern würde. Ihre Firma lief gerade ziemlich mies; sie hatten wichtige Kunden verloren. Jetzt bot sich eine Chance, die sie unbedingt nutzen mussten.

Quinn blickte genervt zu seinen Eltern. Er verstand sich meistens ziemlich gut mit ihnen, aber manchmal hatte er das Gefühl, dass sie ihn überhaupt nicht verstanden. Warum stand die Firma immer über allem?

Quinn runzelte missmutig die Stirn und dachte frustriert: „Sie scheinen nur noch für die Arbeit zu leben!" Klar, Quinn wusste, dass er seinen Eltern wichtig war. Besonders Papa sagte ihm das immer wieder – er redete generell ziemlich viel und hatte auch keine Probleme damit, Gefühle zu äußern. Mama war etwas kühler, aber auch sie liebte Quinn, das wusste er.

Und weil beide die Sorge hatten, dass Quinn allein zu Hause oder bei seinem Freund Florian zu viel vor dem Bildschirm hocken würde (zugegebenermaßen keine völlig unbegründete Sorge), hatten sie ihn nun dazu verdonnert, die Ferien bei seinem Onkel Matteo zu verbringen.

„Da erlebst du mal was anderes, das wird dir guttun", meinte Papa.

„Und so verbringst du endlich mal mehr Zeit mit deinem Patenonkel!", schob Mama hinterher. „Ihr kennt euch ja kaum noch, das ist doch schade." Quinn seufzte. Da hatte Mama recht – Quinn kannte Matteo wirklich kaum. Aber er hatte wenig Lust, das zu ändern. Viel lieber wollte er die Ferien in Ruhe hier zu Hause verbringen, zocken, ein bisschen rausgehen, den neuen Roman weiterlesen, Musik hören, Zeit mit seinem Freund Florian verbringen, der vor Kurzem die Schule gewechselt hatte. Florian fehlte ihm, und umso mehr hatte er sich gefreut, ihn wenigstens in den Ferien jeden Tag zu sehen. Und nun das!!

Doch seine Eltern machten mehr als deutlich, dass sie keine Widerrede duldeten. Es war offenbar schon alles geplant.

„Du darfst das Wochenende vorher und hinterher bei Florian übernachten!", bot ihm sein Vater als Kompromiss an und lächelte ihm aufmunternd zu, doch diese Aussicht war nur ein schwacher Trost. Weil Quinn spürte, dass Protest nichts bringen würde, zog er sich missmutig in sein Zimmer zurück. Er fühlte sich hundsmiserabel. Irgendwie ging momentan alles schief, was nur schiefgehen konnte:

Seine Eltern hatten Probleme mit der Firma und waren deshalb ständig schlecht gelaunt, stritten sich und hatten keine Zeit für gar nichts. Mamas feines, sorgfältig geschminktes Gesicht lag ständig in Sorgenfalten, und immer wieder raufte sie sich genervt ihre dünnen, blonden Haare. Quinn fühlte sich hilflos, denn er konnte nichts tun, um seine Eltern aufzumuntern.

Sein bester Freund Florian hatte vor drei Monaten die Schule gewechselt und er fehlte Quinn wahnsinnig. Die beiden waren vorher immer zusammen gewesen, auch in den Pausen, und jetzt stand Quinn meistens allein herum. Bislang hatte er den Anschluss zu den anderen nicht gefunden – und Moritz und ein paar andere Jungs machten sich seit einer Weile ziemlich über Quinn lustig.

Und wenn das alles nicht schon genug wäre, hatte ihn vorletzte Woche auch noch Pia abblitzen lassen, die er echt gernhatte. Pia ging in seine Klasse, war superhübsch und nett und mochte die gleichen Bands wie Quinn. Er hatte seinen ganzen Mut zusammengenommen und sie per WhatsApp gefragt, ob sie sich mal mit ihm treffen würde.

Quinn hatte noch immer genau ihre niederschmetternde Antwort im Kopf: „Ähm, sorry, nett von dir … aber ich glaube, eher nicht."

Oh Mann, das war echt schmerzhaft gewesen, so eine Abfuhr zu bekommen! Zu allem Überfluss hatte er am Tag darauf auch noch eine Fünf in Deutsch zurückbekommen. Danach hatte Quinn sich gefühlt wie ein absoluter Versager. Die Ferien waren ein kleiner Lichtblick gewesen – und nun wurde auch noch dieser Funke so mir nichts, dir nichts gelöscht. Quinn war nach Heulen zumute. Er schaute verdüstert aus dem Fenster. Als sein Handy kurz vibrierte und er auf das Display schaute, huschte kurz ein Lächeln über seine Lippen: Florian hatte ihm gerade ein lustiges Video geschickt. Quinn stand auf, streckte sich und atmete tief ein. Er würde versuchen, das Beste aus der Sache zu machen – und die beiden Wochenenden am Beginn und am Ende der Ferien so richtig genießen! Auf die Zeit mit Florian freute er sich jedenfalls schon riesig.

2
Ankunft beim verrückten Professor

Leicht unsicher folgte Quinn Matteo in dessen Wohnung. Die Zugfahrt war problemlos verlaufen, aber Quinn war die ganze Zeit ziemlich angespannt gewesen. Er war nicht unbedingt ein schüchterner Typ, aber bei jemandem zu übernachten, den er nicht besonders gut kannte, machte ihn doch ordentlich nervös.

Außerdem hatte Florian ihm auf der Fahrt eine Nachricht geschickt: „Hey, ich will dich nicht stressen oder so, aber Pia hat offenbar der halben Klasse erzählt, dass du sie gefragt hast, ob sie sich mit dir treffen will. Moritz und die anderen haben sich wohl online mal wieder über dich lustig gemacht deswegen, meinte Kalle ... keine Ahnung, vielleicht solltest du mal mit Pia reden, dass sie das lassen soll."

Quinn war eine Gänsehaut über den Rücken gelaufen, als er das gelesen hatte. Wut war in ihm hochgestiegen und Enttäuschung. Wie konnte Pia sich nur so danebenbenehmen? Er hatte sie echt anders eingeschätzt. Sonst hätte er doch nie den Mut gehabt, ihr zu schreiben. Ihm wurde heiß und kalt, wenn er daran dachte, was er ihr noch geschrieben hatte: dass er sie sehr mochte. Dass er ihre Haare und ihre Augen superhübsch fand. Was, wenn sie das Moritz und den anderen aus seiner Klasse gezeigt hatte?

Moritz und seine Clique hatten in der Klasse das Sagen, und es schien so, als hätten sie sich Quinn als Opfer ausgesucht. Sie machten sich über ihn lustig, wann immer es ging. Das hatte vor etwa einem Jahr so langsam angefangen, als Quinn Moritz beim Schachturnier besiegt hatte. Und seit Quinns bester Freund Florian die Schule gewechselt hatte, war es noch schlimmer geworden.

Wie jetzt: Wissenschaftler UND Christ?

„Hier wohne ich also, fühl dich ganz zu Hause!", riss Matteo ihn aus seinen düsteren Gedanken. Quinn sah sich erstaunt um. Die Wohnung war ziemlich cool eingerichtet, aber auch vollgestellt mit Dingen, die offenbar mit Matteos Arbeit zu tun hatten: kleine Skelette, Knochen, Modelle von chemischen Elementen und andere rätselhafte Gegenstände.

Auch einige Filmplakate zierten die Wände – *Dune*, *Star Wars*, *Herr der Ringe*, einige *Marvel*-Filme ... Immerhin hatte Onkel Matteo offenbar einen guten Film-Geschmack!

Quinn nahm auf dem gemütlichen dunkelblauen Sofa Platz – und schneller als gedacht kam er mit seinem Onkel ins Gespräch über Filme und dessen Job in der Forschung. Das war ziemlich interessant und Quinn fing an, seinen Onkel zu mögen. In ihm keimte ein wenig Hoffnung auf, dass die kommenden zehn Tage möglicherweise spannender werden könnten als gedacht ...

Während Quinns Blick durch den Raum glitt, entdeckte er auf einmal ein Kreuz mit der Aufschrift „Von guten Mächten wunderbar geborgen". Stirnrunzelnd musterte er seinen Onkel: „Warum hast du denn da ein Kreuz hängen? Ist das ein Familien-Erbstück oder so?"

Matteo schüttelte den Kopf: „Nee, das habe ich mir vor ein paar Jahren mal gekauft. Es steht für meinen Glauben an Jesus Christus."

Quinn räusperte sich und fragte sich, ob er richtig gehört hatte: „Deinen ... Glauben ... ? Wie jetzt, du bist gläubig, Onkel Matteo? So richtig mit Beten und Kirche und dem ganzen Kram?"

Onkel Matteo lachte: „Ja, genau. Ich mache erst seit zwei Jahren so richtig in einer Kirche mit, und ja, zugegebenermaßen hatte ich am Glauben und an Gott lange Zeit viele Zweifel. Aber in den letzten Jahren ist mein Vertrauen zu Gott stetig gewachsen."

Quinn schüttelte fassungslos den Kopf: „Das kapiere ich jetzt nicht! Du bist doch Biochemiker, Wissenschaftler! Sind Wissenschaftler nicht alle Atheisten? Wozu braucht man Gott, wenn man doch alles mit dem Verstand erklären kann?"

Quinn war wirklich ziemlich schockiert über das Statement seines Onkels. Seine Eltern bezeichneten sich beide als Atheisten – sie hatten ihm von seiner Kindheit an erzählt, dass es keinen Gott gebe, und der Glaube daran nur etwas für Menschen sei, die sonst keinen Halt im Leben hätten. Und Quinn kannte auch niemanden, der sich als Christ bezeichnen würde.

Matteo lächelte ihm freundlich zu: „Oh nein, es gibt sogar ziemlich viele Wissenschaftler, die gläubig sind. Weißt du, was der Physiker und Nobelpreisträger Werner Heisenberg zu diesem Thema einmal sagte? „Der erste Trunk aus dem Becher der Naturwissenschaft macht atheistisch, aber auf dem Grund des Bechers wartet Gott."

„DER ERSTE TRUNK AUS DEM BECHER DER NATURWISSENSCHAFT MACHT ATHEISTISCH, ABER AUF DEM GRUND DES BECHERS WARTET GOTT."

Werner Heisenberg, Physiker und Nobelpreisträger

Quinn dachte zögerlich über diese Aussage nach. Das sollte also bedeuten, dass auch die Naturwissenschaft letztlich irgendwann immer auf Gott zurückkommt??

Glaube und Wissenschaft – zwei verschiedene „Brillen"

„Die Naturwissenschaft lässt sich wunderbar mit dem Glauben an Gott vereinbaren", war sein Onkel überzeugt, „letztlich gibt es da keinen echten Widerspruch. Es sind nur verschiedene Ebenen. Die Naturwissenschaft gibt Antworten auf die Frage nach dem *Wie* – wie könnte die Welt entstanden sein? Wie haben sich die Arten entwickelt? Wie funktioniert die Schwerkraft? Und so weiter. Der Glaube aber gibt uns Orientierung bei den *Warum*-Fragen, bei den großen Fragen nach dem Sinn des Lebens: Warum sind wir auf der Welt? Warum gab es irgendwann einen Urknall? Und wo wir gerade beim Urknall sind ... Wenn wir Gott bei dieser Frage ausklammern, dann bleibt immer die Frage, was ganz am Anfang war. Wie ist der Urknall entstanden? Wie ist das entstanden, woraus der Urknall entstand?"

Quinn unterbrach Matteo etwas ungeduldig: „Und da ist deine Antwort einfach, dass womöglich Gott den Urknall geschaffen hat?"

Matteo zuckte mit den Schultern: „Es könnte zumindest sein. Es erscheint mir als Wissenschaftler jedenfalls besser vorstellbar, dass eine höhere Intelligenz da etwas geplant und in Gang gesetzt hat, als dass irgendetwas einfach schon immer da war und dann eine Explosion passierte, einfach so, ohne Grund." Weil er sah, dass Quinn die Stirn runzelte, fügte er an: „Und dass wir diesen Gott nicht beweisen können, ist völlig logisch, denn wenn wir Gott als Schöpfer der Welt verstehen, dann bedeutet das: Er ist selbst nicht Teil dieser Schöpfung, sondern eben der, der sie gemacht hat. Deshalb können wir ihn nicht mit naturwissenschaftlichen Methoden identifizieren, weil er eben über der Wissenschaft und allen naturwissenschaftlichen Vorgängen steht. So ähnlich wie man den Erfinder eines Computerspiels – auch wenn er das Spiel immer wieder beeinflusst – nicht im Spiel selbst nachweisen kann. Man kann allerdings Hinweise sehen, die es wahrscheinlich machen, dass es einen solchen Erfinder gibt."

„Na ja, aber wissen kannst du das nicht", entgegnete Quinn skeptisch.

„Da hast du völlig recht", stimmte ihm sein Onkel gelassen zu, „Glauben ist etwas anderes als Wissen. Es hat etwas mit Vertrauen zu tun, damit, sich auf etwas einzulassen, das sein könnte und das man erfahren kann. Aber bevor man sich auf etwas einlässt, will man meist gern wissen, ob es denkbar ist oder totaler Quatsch."

„Meine Eltern sagen jedenfalls sehr klar, das mit dem Glauben ist totaler Quatsch!", gab Quinn unumwunden zu.

Matteo grinste: „Das weiß ich. Ich habe schon ein paarmal mit ihnen darüber diskutiert. Deine Eltern sind sicher kluge Leute, aber eben keine Wissenschaftler. Und sie begründen ihren Nicht-Glauben auch nicht mit Wissenschaft, sondern einfach damit, dass sie sich Gott nicht vorstellen können. Ich glaube, damit machen sie es sich ein wenig zu einfach. Vielleicht kommen sie auch irgendwann noch mal ins Nachdenken. Es gibt da so eine kleine Parabel – also eine Gleichnis-Geschichte – von einem Meeresforscher, der die Meereslebewesen untersuchen wollte. Sein Ergebnis war: Alle Meereslebewesen sind größer als zwei Zentimeter. Das stimmt natürlich überhaupt nicht. Warum kam er zu diesem unsinnigen Ergebnis? Weil die Löcher seines Netzes so groß waren, dass alle kleineren Tiere durchgefallen sind."

Quinn ließ die Worte eine Weile auf sich wirken, um zu verstehen, was sein Onkel sagen wollte. „Also, du meinst mit dem Netz, dass wir mit unserem wissenschaftlichen Denken eben nicht alles erfassen können? Dass unser wissenschaftliches Netz sozusagen nicht für alles passt, weil manches dann durch die Löcher durchfällt?"

„Exakt!", bestätigte Matteo. „Du bist ein schlaues Köpfchen! Glaube und Wissenschaft sind einfach zwei verschiedene Brillen, mit denen wir die Welt ein Stück weit verstehen können. Und die Wissenschaft kann eben nicht alles erklären. Trotzdem bleiben natürlich Fragen und Zweifel. Wichtig ist, dass wir nicht zu starr an unserer Meinung festhalten, sondern offen bleiben. Quasi Suchende, Entdecker. Es gibt immer Neues zu entdecken, und manchmal staunt man dann, weil etwas vielleicht doch ganz anders ist, als man zuvor dachte. Das gilt für mich genauso wie für deine Eltern und für dich."

Quinn entspannte sich ein wenig. Ein Suchender und Entdecker zu sein – das hörte sich gut an. Das konnte er sich vorstellen. Und das könnte sogar richtig interessant werden!

Auf den Punkt

→ Es gab und gibt auch heute viele Wissenschaftler und andere kluge Menschen, die an Gott glauben.

→ Auch die Wissenschaft kann nicht alle Fragen beantworten, z. B.: Warum sind wir auf der Welt? Was war vor dem Urknall? Und wie ist dieses Etwas entstanden, wodurch der Urknall zustande kam?

→ Selbst die klügsten Menschen haben sich immer mal wieder geirrt. Deshalb wäre es dumm, sich seiner Meinung allzu sicher zu sein. Wirklich intelligent sind die, die auch Menschen mit anderen Ansichten zuhören und die bereit sind dazuzulernen.

→ Gott lässt sich nicht beweisen, denn Glauben ist nicht Wissen. Aber man kann prüfen, ob das, was über Gott gesagt wird, Sinn ergibt oder nicht. Also ob es Sinn ergibt, sich zumindest mal darauf einzulassen und auszuprobieren, ob etwas dran sein könnte. Das machen wir gemeinsam auf den nächsten Seiten!

Kann man wirklich glauben, ohne sein Hirn auszuschalten?

Am nächsten Tag durfte Quinn seinen Onkel zur Arbeit begleiten. Matteo führte ihn im Labor herum und erklärte ihm, woran er gerade forschte. Irgendwas mit Wasserstoffbrückenbindungen, ziemlich abstrakt, aber auch ganz interessant.

Zum Mittagessen trafen sie sich mit einer Kollegin aus dem Nachbarinstitut, dem physikalischen Institut.

„Hi, Nina, das ist mein Neffe Quinn!", erklärte Matteo ihr, „Quinn, das ist Nina – sie ist Theologin und Physikerin."

Misstrauisch kniff Quinn die Augen zusammen: „Willst du mich verschaukeln? Echt jetzt? Theologie und Physik?"

Nina lachte mit ihrer rauen, sehr sympathischen Stimme. „Die Reaktion kenne ich schon, keine Sorge.

Aber ja, es stimmt. Ich habe zuerst Theologie studiert, aber dann hat mich die Physik so fasziniert, dass ich noch ein zweites Studium angeschlossen habe."

„Quinn und ich haben gestern schon ein wenig diskutiert, ob sich Glaube und Wissenschaft nicht widersprechen", erklärte Matteo. „Oder auch Glaube und Vernunft, nicht wahr, Quinn?"

Quinn nickte: „Ja, so könnte man es auch sagen. Meine Eltern sind der Meinung, gebildete Menschen glauben nicht an Gott. Und ich sehe das eigentlich auch so."

„*Eigentlich* ist immer ein gutes Begleitwort", grinste Nina, „denn unser Wissen ist nun mal begrenzt. Wie Albert Einstein einmal sagte:

„WAS WIR WISSEN, IST EIN TROPFEN.
WAS WIR NICHT WISSEN, EIN OZEAN."

Albert Einstein, Physiker und Nobelpreisträger

Und das gilt auch für uns ach so gebildete Menschen!"

Kann man Gott beweisen?

„Aber ... ist es nicht einfach total abwegig, sich Gott vorzustellen? Ich meine, man kann ihn weder sehen noch sonst irgendwie nachweisen", warf Quinn ein.

Nina nickte: „Du hast recht, man kann Gott nicht beweisen. Und wir sehen ihn auch nicht, wie wir diesen Tisch oder diese Pommes hier sehen. Aber weißt du, das schließt noch lange nicht aus, dass er existiert. Es gab da mal einen Astronauten, der mit einem Gehirnchirurgen über den Glauben sprach …

DER ASTRONAUT PRAHLTE: „ICH WAR SCHON MEHRFACH IM WELTALL! ICH HABE DORT SO VIEL GESEHEN UND ERFORSCHT. UND GANZ EHRLICH, ICH HABE DORT NIRGENDWO EINEN GOTT GESEHEN!“ DA LACHTE DER HIRNCHIRURG: „NUN JA, ICH HABE SCHON HUNDERTE GEHIRNE OPERIERT. UND DABEI HABE ICH AUCH NOCH NIE EINEN GEDANKEN GESEHEN!“

Verfasser unbekannt

Quinn schwieg eine Weile. Darüber musste er erst mal nachdenken. „Du meinst also“, sagte er dann, „wir müssen einfach hinnehmen, dass wir Gott nicht beweisen können?“

Nina nickte: „Gott hat nie behauptet, Teil unserer sichtbaren, beweisbaren Welt zu sein. Christen glauben, dass Gott durch seinen Sohn Jesus Christus selbst Mensch wurde und später wieder zurück zu Gott gegangen ist. An Pfingsten feiern die Christen, dass Gott denen, die an ihn glauben, seinen Heiligen Geist geschickt hat – den er auch mit einer Kraft, einem Wind vergleicht. Der Heilige Geist ist demnach Gottes unsichtbare Gegenwart bei uns. Aber all das ist nichts, das wir greifen könnten wie einen Gegenstand."

Matteo mischte sich ein: „Richtig, und doch glauben wir auch an vieles andere, dass wir nicht sehen oder beweisen können. Liebe zum Beispiel oder Freundschaft. Vertrauen. Zusammenhalt. Schuld."

„Ja, schon", wandte Quinn ein, „aber da kann ich die Folgen sehen, wenn mich jemand mag und er mich gut behandelt zum Beispiel ..."

„Das kann so sein", nickte Matteo, „aber derjenige könnte dir auch was vorspielen. Dich ausnutzen, manipulieren, wie auch immer. Dir vorgaukeln, dass er nett ist, dass auf ihn Verlass ist ... das sind alles keine unumstößlichen Beweise. Es könnte immer noch alles vorgetäuscht sein. Es sind also nur Hinweise, die es wahrscheinlich machen, dass er es gut meint. Und wenn du ausreichend Hinweise hast – dann bleibt dir nur noch übrig, dich auf die Freundschaft einzulassen. Und zu schauen, ob sich das Vertrauen lohnt."

„Und du meinst, so ist es auch mit Gott?", fragte Quinn.

„Ja, ganz genauso habe ich es auch erlebt!", platzte es aus Nina heraus, noch bevor Matteo etwas erwidern konnte. „Ich habe als Jugendliche angefangen, nach Gott zu suchen. Aber ich war superskeptisch. Ich habe alles hinterfragt. Mit vielen Leuten geredet, die sich auskannten. Irgendwann war mir klar: Gott ist nicht beweisbar, das hat Gott so an sich. Aber es gibt jede Menge Hinweise, die dafür sprechen, dass es ihn geben könnte. Die es denkbar machen, dass das mit Jesus stimmen könnte. Da gibt es wirklich einiges. Und irgendwann war ich an dem Punkt, an dem mir bewusst wurde: Jetzt habe ich Tausende Fragen gestellt und ganz viel durchdacht und überlegt. Ich habe kapiert, dass man denken und glauben kann, beides zugleich, ohne Problem. Aber der letzte, wichtigste Schritt ist Vertrauen. Ins Wasser springen, schwimmen – und erleben, wie es ist. Und dass ich das getan habe, das habe ich nie bereut."

Quinn war noch immer nicht überzeugt: „Aber kommen dir nicht auch manchmal Zweifel? Ob du dir das alles vielleicht nur einbildest?"

„Oh ja, Zweifel gehören dazu!", bestätigte Nina, „Ich habe immer mal wieder Fragezeichen. Oder ich verstehe Gott nicht. Oder bin mir nicht sicher, ob er mich überhaupt hört. Oder frage mich, ob ich mich vielleicht irre. Solche Gedanken sind menschlich! Aber ganz ehrlich – was habe ich zu verlieren? Der christliche Glaube ist voller Liebe, Hoffnung und Kraft. Er gibt mir viel Halt und gute Werte mit auf meinen Weg. Er ermutigt mich und hilft mir, gute Entscheidungen zu treffen. Falls ich also wirklich irgendwann feststellen sollte, dass ich falsch lag – okay, dann hatte ich zumindest ein gutes Leben mit guten Werten. Und das ist doch gar nicht schlecht! Aber wenn ich nicht an Gott glauben und dann später merken würde: Upps, es gibt ihn doch ... dann könnte es sein, dass ich ziemlich viel bereuen würde."

Quinn runzelte in Gedanken versunken die Stirn und sagte dann: „Meine Eltern meinen jedenfalls, an Gott glauben nur Leute, die sonst keinen Halt in ihrem Leben haben. Ist das nicht so etwa das, was du gerade gesagt hast? Dass der Glaube dir Halt und Hoffnung gibt und so?“

Nina schüttelte den Kopf: „Nee – ich weiß, was du meinst. Aber das sehe ich ganz anders. Erstens ist es ja nicht so, dass das Leben für gläubige Menschen einfacher wird. Man hat trotzdem Probleme, wie alle anderen Menschen auch. In manchen Ländern werden Christen sogar verfolgt, gefangen genommen oder getötet. Dass diese Leute trotzdem an ihrem Glauben festhalten und sogar ihr Leben dafür geben, zeigt ja schon, dass sie etwas erfahren haben, das sie total überzeugt hat. Dass sie es wirklich ernst meinen. Und dass sie nicht nur glauben, weil das so schön kuschelig ist. Im Gegenteil: Es kostet sie alles.“

Quinn dachte angestrengt nach. Was sollte am Glauben an Gott so faszinierend sein, dass man dafür sogar sein Leben aufs Spiel setzen würde?

Die Sehnsucht in uns

Aber noch bevor Quinn etwas erwidern konnte, sprach Nina weiter: „In jedem Menschen gibt es ganz tief drin eine Sehnsucht. Eine Sehnsucht, die wir gar nicht so leicht in Worte fassen können. Ich denke, dass die Sehnsucht in uns ein Hinweis darauf ist, wer wir sind und was wir suchen.“

„Wie genau meinst du das?", fragte Matteo seine Kollegin interessiert, während er sich Milch in seinen Kaffee goss.

„Ich denke da gerade an ein Zitat von meinem Lieblings-Schriftsteller C. S. Lewis", antwortete Nina und tippte auf ihrem Handy herum. „Ah, da habe ich es:

WENN ICH IN MIR EINE SEHNSUCHT SPÜRE, DIE DURCH KEINE ERFAHRUNG DER WELT GESTILLT WERDEN KANN, IST DIE WAHRSCHEINLICHSTE ERKLÄRUNG DAFÜR, DASS ICH FÜR EINE ANDERE WELT GESCHAFFEN WURDE.

Clive Staples Lewis

„Lies noch mal!", bat Quinn, weil er die Aussage nicht ganz einfach fand. Nina wiederholte das Zitat.

„Also ...", überlegte Quinn angestrengt, „er meint also, dass das, wonach wir uns sehnen, ein Hinweis darauf ist, wo wir herkommen? Oder darauf, dass uns jemand geschaffen hat? Dass im Grunde also ein Gott diese Sehnsucht nach mehr in uns Menschen erzeugt hat?"

Matteo klopfte Quinn auf die Schulter: „Gut formuliert! Genau so verstehe ich das auch. Wir Menschen spüren alle immer mal wieder diese Sehnsucht in uns. Dann fragen wir uns: Was ist eigentlich der Sinn meines Lebens? Woher komme ich? Wer bin ich eigentlich? Wohin gehe ich? Was macht mein Leben aus? Und wie hängt das alles miteinander zusammen? Und wir spüren, dass arbeiten, Geld verdienen und ein bisschen Spaß haben nicht alles im Leben sein kann. Dass da in uns eine Sehnsucht nach etwas Höherem, Größerem, Tieferem ist. Eine Sehnsucht nach *mehr*. Und na ja ... da ist es naheliegend, dass es womöglich eben doch mehr gibt, als wir sehen und beweisen können. Also, Wunschdenken heißt gar nicht immer, dass etwas unrealistisch ist. Es kann auch heißen: Wir kommen auf diese Idee, weil es zu uns passt. Weil es wirklich mehr gibt. So wie ein Tiger in einem kleinen Käfig, der irgendwann durchdreht und krankhaft im Kreis läuft, weil er sich nach Freiheit sehnt – er spürt, dass er eigentlich für ein anderes Leben geschaffen wurde. Obwohl er diese Freiheit womöglich noch nie selbst erlebt hat. Aber weil er dafür geschaffen wurde, spürt er die Sehnsucht danach in sich."

Ein paar Minuten lang hingen alle drei ihren Gedanken nach. Quinn fand das alles ganz schön neu und verwirrend, aber auch hochspannend. Diese Frage nach dem Sinn des Lebens, die hatte er sich auch schon öfter gestellt. Und auch mit dieser Sehnsucht nach mehr konnte er etwas anfangen.

Als sein Blick auf sein Handy fiel, dachte er wieder an die Schule und was ihn dort nach den Ferien erwarten würde ... Beim Gedanken daran zog sich sein Magen schmerzhaft zusammen.

Moritz würde ihn sicher weiterhin vor allen damit aufziehen, dass Pia ihm eine Abfuhr gegeben hatte.

Er würde wieder der Loser sein und sich ohne Florian aufgeschmissen fühlen. Das Leben war manchmal so unfassbar unfair, das hätte er als kleines Kind nie für möglich gehalten.

Er konnte irgendwie verstehen, dass vielen Menschen der Glaube an einen liebenden, fürsorglichen Gott Halt gab – bei all dem Mist, der so passierte. Aber das allein überzeugte ihn noch nicht. Er wollte mehr erfahren über das, was Nina und Matteo dazu gebracht hatte, als intelligente Menschen an Gott zu glauben. Logik, Argumente, Fakten! Er grinste in sich hinein. Dieser Urlaub versprach nun doch abenteuerlicher zu werden als gedacht ...

Auf den Punkt

→ Wer behauptet: „Ich glaube nur, was ich sehe", sollte noch mal gut überlegen, ob das wirklich stimmt. Denn es gibt vieles, was wir nicht sehen und doch für wahr halten – zum Beispiel Freundschaften, Liebe, Zusammenhalt, Vergebung nach einem Streit. All das können wir nicht sehen und auch nicht beweisen – aber es gibt Hinweise und wir können es erfahren. Das gilt auch für Gott.

→ Glaube und Wissenschaft sind kein Widerspruch. Beide bewegen sich auf verschiedenen Ebenen und geben Antworten auf unterschiedliche Fragen – z. B. die Wissenschaft auf die Frage nach dem „Wie?" und der Glaube auf die Frage nach dem „Warum?" oder „Wozu?"

→ Fragen und Zweifel gehören zum menschlichen Leben und auch zum Glauben dazu. Sie sind wichtig und absolut berechtigt.

→ Manche meinen, Menschen glauben nur an Gott, weil sie sich nach Halt und Sicherheit sehnen. Doch ähnlich wie der Tiger im Käfig sich nach Freiheit sehnt, weil das Leben in Freiheit seiner Bestimmung entspricht, spüren auch wir Menschen eine Sehnsucht in uns, und die ist oft ein Hinweis darauf, dass es da etwas gibt, das wir brauchen und das unserem Leben Sinn und

Erfüllung bringt. Eine solche „Sehnsucht nach mehr" kann also darauf hindeuten, dass da wirklich mehr sein könnte als das, was wir sehen und wissenschaftlich beweisen können.

Schöpfung, Urknall, alte Hüte

Am Abend gingen Quinn und Matteo ins Kino. Es lief ein Thriller, der ziemlich actionreich und auch ein bisschen gruselig war, aber die beiden hatten Spaß und schafften gemeinsam beinahe einen ganzen Eimer Popcorn.

Als sie das Kino verließen, verspürte Quinn eine leichte Übelkeit, aber ansonsten war er gut gelaunt. Der Tag war so voll und spannend gewesen, dass er nur ganz wenig an seinen Stress in der Schule gedacht hatte. Und er freute sich, dass Matteo doch viel cooler und netter war, als er erwartet hatte. Entspannt liefen sie nebeneinander her und blieben dann auf einmal einvernehmlich stehen, um den Sternenhimmel zu bewundern.

„Und du glaubst also, dass Gott all diese Sterne geschaffen hat?“, murmelte Quinn leise.

Matteo nickte. „Richtig, ja. Diese Welt ist so voller Schönheit und voller Wunder. Die Galaxie und allein unsere Erde ... die großartige Natur, die unfassbar vielfältige Tierwelt. Für mich ergibt es Sinn, dass ein intelligenter Schöpfer dahintersteckt.“

„Aber im Grunde könnte alles auch einfach durch den Urknall entstanden sein", wandte Quinn ein.

„Na klar", räumte Matteo ein. „Wobei da, wie gesagt, die Frage bleibt: Was war vor dem Urknall?"

Quinn zuckte mit den Schultern: „Okay, aber ich könnte auch fragen: Wer hat denn dann Gott geschaffen?"

Matteo überlegte: „Gute Frage! Ja, die kann man natürlich stellen. Gott stellt sich uns in der Bibel als der vor, der schon immer war. Es gehört bei ihm quasi zum Konzept. Ich persönlich finde es logischer, dass ein Gott, der einfach viel größer ist als unser Verstand, schon immer da war. Logischer, als dass irgendwelche Materie und Energie, aus der dann der Urknall entstand, einfach grundlos immer da gewesen war. Es ist auch gar nicht unnormal, dass man nicht für alles einen konkreten Ursprung benennen kann."

„Wie meinst du das?", warf Quinn ein.

„Also, ich versuche es mal so zu erklären: Physikalische Gegenstände, die man sehen, fühlen, auf jeden Fall naturwissenschaftlich feststellen kann, die müssen eine erklärbare Ursache haben. Zum Beispiel ein Stuhl, eine Seifenblase, eine Wolke ... Aber es gibt auch nicht-physikalische oder nicht-materielle Dinge, zum Beispiel die Zahl fünf, die hat keinen konkreten Ursprung. Sie ist einfach da. Auch Gott ist kein physikalischer Gegenstand – die Gase, aus denen der Urknall entstand, aber schon. Auch deshalb finde ich es besser vorstellbar, dass ein Wesen wie Gott schon immer war, als zu glauben, dass es etwas total Materielles wie Gase oder eine Ursuppe schon immer gab."

Die Sache mit den Beweisen

Quinn lief schweigend und nachdenkend neben Matteo her. Das waren schon krasse Gedanken!

„Es gab da übrigens mal einen berühmten Atheisten, Anthony Flew", erzählte Matteo angeregt weiter. „Der war total überzeugt, dass es Gott nicht gibt. Aber irgendwann beschloss er, wirklich mal ganz neutral an die Sache heranzugehen – ohne die Voranname, dass es Gott eh nicht geben kann. Er wollte die Sache wirklich total neutral und wissenschaftlich durchdenken."

„Guter Vorsatz", warf Quinn ein, „wahrscheinlich haben Forscher oft schon vorher eine Meinung, wenn sie etwas untersuchen wollen, und wissen genau, was sie gern als Ergebnis hätten, oder?"

Matteo nickte: „Richtig, das ist oft so. Viele von ihnen schließen auch von vornherein die Möglichkeit aus, dass es einen Gott geben könnte. Auf der anderen Seite gibt es auch Christen, die gern ‚beweisen' wollen, dass der Glaube logisch ist."

Den Gedanken fand Quinn spannend. Ob das bei ihm vielleicht auch so war – dass er am liebsten die Nichtexistenz Gottes beweisen würde?

„Hm, das kann schon sein, dass man das alles gar nicht wirklich beweisen kann", murmelte Quinn, „ich meine, oft wird Gott ja wie so ein strenger Polizist oder Spielverderber dargestellt. So nach dem Motto: Der liebe Gott sieht alles. Oder es heißt doch auch: ‚Kleine Sünden bestraft der liebe Gott sofort!' Das hat mein Opa früher manchmal gesagt, und ich fand das als Kind ziemlich bedrohlich!"

Matteo lachte: „Richtig, das sind so alte Ideen von Gott, dass er uns bestraft oder so. Und klar, viele Menschen haben auch schlechte Erfahrungen mit Kirche gemacht, da ist viel Mist passiert. Leider! Weil wir Menschen fehlbar sind und immer wieder Menschen ihre Macht missbrauchen. Und manche Leute mögen auch einfach den Gedanken nicht, dass es da jemanden gibt, der über ihnen steht. Der vielleicht was von ihnen will und vor dem sie sich verantworten müssen. Ist doch irgendwie alles entspannter, wenn es keine letzte Instanz gibt ... Na ja, jedenfalls ... dieser Atheist Anthony Flew ist letztlich Christ geworden."

„Echt jetzt?" Quinn staunte.

„Ja, letztlich kam er zu dem Schluss: Damit aus unbelebter Materie, also zum Beispiel irgendwelchen Gasen vor dem Urknall, etwas Lebendiges entstehen kann, das sich fortpflanzt und entwickelt, dazu braucht es Intelligenz. Es ist total unwahrscheinlich, dass sich aus bloßem Zufall unbelebte Materie in etwas Lebendiges verwandelt. Aber klar, all das sind nur Annahmen. Absolute Beweise gibt es nicht."

Quinn nickte zufrieden. Es beruhigte ihn, dass Matteo auch zugeben konnte, nicht auf alles eine

Antwort zu haben. Da fiel ihm eine weitere Frage ein ...

Hat Gott die Welt in sieben Tagen gemacht?

„Aber du glaubst doch nicht ernsthaft, dass Gott die Welt in sieben Tagen geschaffen hat? Die Sache mit Adam und Eva und so?“

Matteo räusperte sich: „Ja, das ist so ein typisches Diskussionsthema, wenn es um den Glauben geht. Da gibt es auch unter Christen ganz unterschiedliche Meinungen. Die einen verstehen die Bibel wörtlich, wie ein Geschichtsbuch, und glauben, das hat alles oder fast alles so eins zu eins stattgefunden. Die anderen sagen, die Bibel besteht ja nun mal aus unterschiedlichen Büchern, und das sind unterschiedliche Arten von Büchern. Einige Texte sind Berichte über das, was passiert ist, beispielsweise die Apostelgeschichte oder die Evangelien über das Leben von Jesus. Diese Bücher wollen tatsächlich als geschichtliche Berichte verstanden werden. Aber es gibt auch andere Bücher in der Bibel, zum Beispiel die Psalmen – in diesen Texten wird in Form von Liedern ausgedrückt, was jemand mit Gott erlebt hat. Wenn Jesus Gleichnisse erzählte, war seinen Zuhörern schon damals sofort klar, dass diese Erzählungen bildhaft gemeint und nicht wörtlich zu verstehen sind. Also so etwas wie Beispielgeschichten sind. Auch das Buch Hiob wirkt meiner Meinung nach eher wie eine Geschichte oder Lehr-Erzählung, mit der eine Botschaft rübergebracht werden soll. Und die Schöpfungsgeschichte, tja, da scheiden sich eben die Geister – die einen verstehen sie als Bericht, die anderen eher symbolisch."

„Was genau meinst du mit symbolisch?", wollte Quinn wissen.

„Na ja, dass es in dieser Geschichte nicht darum geht, auf welche Art und Weise Gott die Welt geschaffen hat. Dass sie kein wissenschaftlicher Faktenbericht ist. Sondern dass der Autor des sogenannten Schöpfungsberichts grundsätzliche Dinge klarmachen wollte: Am Anfang war Gott, und der hat sich diese Welt ausgedacht – die Natur, die Tiere, dich, mich. Wir sind keine Zufallsprodukte. Gott hatte von Anfang an coole Dinge mit uns vor. Und so weiter. Und damit die Leserinnen und Leser es besser kapieren, hat er es so erzählt, wie die Leute sich damals die Entstehung der Welt vorgestellt haben. Wie es reinpasste in die Zeit damals."

„Und dann könnte es auch sein, dass Gott tatsächlich durch Urknall und Evolution die Welt geschaffen hat?", hakte Quinn nach.

„Ja, genau", sein Onkel nickte, „das ist mit einem modernen Bibelverständnis kein Widerspruch. Das könnte alles so gewesen sein – und Gott hat es in Gang gesetzt."

Wie man die Bibel verstehen kann

Am nächsten Tag diskutierten Quinn und Matteo gleich beim Frühstück weiter. Quinn dachte immer noch darüber nach, was sein Onkel gestern auf dem Nachhauseweg gesagt hatte: dass es verschiedene Möglichkeiten gibt, wie Gott die Welt geschaffen haben könnte.

„Ich denke, es ist tatsächlich gar nicht so wichtig, was nun genau stimmt", sagte Matteo und biss in sein Brötchen. „In der Bibel steht, dass wir eines Tages, wenn wir Gott face to face sehen, alle Fragen beantwortet bekommen. Somit müssen wir uns nicht stressen, alles klären zu wollen. Das kriegen wir eh nicht hin. Für mich ist das kein Thema, wegen dem man sich streiten sollte."

„Streiten tun sich Christen ja schon über ziemlich viele Dinge", gab Quinn zu bedenken.

Matteo schmunzelte: „Da muss ich dir recht geben. Wobei es auch nicht immer gleich ein Streit ist, oft sind es auch nur Diskussionen darüber, wie man die Bibel verstehen kann. Manche Christen finden es wichtig, jedes einzelne Wort der Bibel auf unsere heutige Zeit zu übertragen. Das wird oft auch als ‚bibeltreu' bezeichnet. Andere Christen sehen das anders – sie sagen: Die Bibel ist ein wertvolles Geschenk Gottes, aber sie wurde in einer bestimmten Zeit geschrieben, in der die Menschen ganz anders lebten als heute. Gott hat uns auch unseren Verstand geschenkt. Deshalb müssen wir Gott fragen und gut überlegen, was diese Worte für unsere heutige Zeit bedeuten. Bei dieser Sichtweise geht es weniger um die wortwörtliche Botschaft, sondern mehr um das, was *hinter* dem Text steht, also: Was sagt uns der Text über Gott und darüber, wie er uns Menschen sieht? Was können wir aus dem Text über den Umgang miteinander in unserer heutigen Zeit lernen? Nina und ich zum Beispiel, wir sind beide sehr offen für Andersdenkende. Auch die Kirche, die wir beide besuchen, ist sehr tolerant und modern eingestellt. Aber wir tauschen uns auch mit Leuten aus, die das schwierig finden, und das finde ich superwichtig. Es ist gut, dass es unterschiedliche Meinungen gibt, und man sollte sich gegenseitig mit Respekt begegnen und einander zuhören."

Quinn nickte zustimmend.

Matteo goss sich Tee nach. „Willst du auch noch bisschen?" Quinn schüttelte den Kopf und belegte seine zweite Brötchenhälfte.

„Der Kirchenvater Augustinus hat da mal was echt Passendes gesagt – daran denke ich oft, wenn ich mit Leuten diskutiere, die die Dinge ganz anders sehen als ich:

IM WESENTLICHEN EINHEIT,
IM ZWEIFELHAFTEN FREIHEIT,
IN ALLEM LIEBE.

Augustinus

Das beziehungsweise *der* Wesentliche im christlichen Glauben ist Jesus. Er ist das Zentrum, der Mittelpunkt. Fragen wie: ‚Wer darf welche Kleidung tragen? Wer darf in der Kirche predigen? Welche Musik dürfen wir als Christen hören? Wie gehen wir mit Alkohol um?' und weitere solcher Fragen sind meiner Meinung nach oft ‚zweifelhafte' Fragen. Also Themen, bei denen die Antwort nicht so klar und eindeutig ausfällt, wenn man in der Bibel nach Antworten sucht. Aber wenn Menschen sich über das Wesentliche einig sind, kann man es aushalten, wenn es bei manchen Themen halt unterschiedliche Meinungen gibt. Und es kann auch sein, dass man selbst seine Meinung ändert, weil man etwas erkennt, das einem vorher nicht klar war. Wir sind eben alle auf dem Weg, nicht perfekt, und das ist völlig okay."

Quinn nickte wieder – das klang gut: „… ‚und in allem Liebe' heißt, man soll freundlich miteinander umgehen – auch dann, wenn man verschieden tickt, richtig?"

„Ganz genau", bestätigte Matteo. „Jesus hat übrigens auch mal gesagt, dass die Liebe zu Gott und zu den Mitmenschen das wichtigste Gebot ist. Wer das erfüllt, erfüllt damit automatisch auch alle anderen Gebote. Deshalb ist dieses Gebot eine gute Hilfe, was Regeln angeht – nämlich, sich immer zu überlegen: Passt eine Sache oder eine bestimmte Verhaltensweise hier und heute dazu, dass ich Gott und meine Mitmenschen lieben soll?"

„Guter Gedanke", warf Quinn ein. „Den anderen mit Respekt zu behandeln, ist total wichtig." Er musste unwillkürlich an die blöde Sache mit Moritz und dessen Verhalten denken. Und auch er selbst hatte schon öfter lieblos reagiert ...

„Übrigens spricht auch die Bibel von Toleranz gegenüber unterschiedlichen Meinungen", riss sein Onkel ihn aus seinen Gedanken. Das hatte er noch nie gehört.

„Echt? Wo denn?", murmelte Quinn mit vollem Mund.

„Also, im Neuen Testament geht es an einer Stelle um die Frage, ob man Opferfleisch, das heidnischen Göttern geopfert wurde, als Christ essen darf. Der Apostel Paulus meinte, man könne das unterschiedlich betrachten. Es gab um das Thema eine heiße Diskussion. Manche Christen waren komplett dagegen, dass man dieses Fleisch isst. Sie verstanden das als Respektlosigkeit gegenüber ihrem Gott. Andere Christen fanden, dass das kein Problem ist, solange man das Essen in Dankbarkeit seinem Gott gegenüber annimmt. Und Paulus machte klar: Beide Haltungen sind okay! Jeder soll sich hier nach dem richten, was er für sich als richtig erkannt hat. Der beste Weg ist, bei Unklarheiten das Gespräch zu suchen, niemanden zu verurteilen, immer wieder Gott zu fragen – und letztlich so zu handeln, dass man selbst dahintersteht und sein Handeln mit der Liebe zu Gott und der Liebe zu anderen verbinden kann."

Quinn fand, dass das alles richtig gute Gedanken waren. Ja, Matteo war Christ, aber so ganz anders, als er sich vorgestellt hatte ...

Liebe – echt eine Herausforderung

Als Quinn nach dem langen Frühstück mit seinem Onkel auf sein Handy schaute, entdeckte er eine Nachricht von Florian. „Hey, du glaubst nicht, was ich gesehen habe ..."

Es folgte ein Foto von Moritz, wie er auf dem Spielplatz neben der Schule ausgelassen mit seiner kleinen Schwester ‚Pferdchen' spielte.

„Sieht das nicht lächerlich aus?", hatte Florian geschrieben. „Klar, er hat das seiner kleinen Schwester zuliebe gemacht, aber die könnte man ja aus dem Bild rausschneiden. Dann sieht es so richtig albern und peinlich aus – damit könntest du ihm so mal ordentlich eins auswischen für all seine Gemeinheiten! Poste das doch mal in der Klassengruppe – und dann ist er der, über den alle lachen. Danach traut er sich bestimmt nie wieder, sich über dich lustig zu machen!"

Quinn musste unweigerlich breit grinsen, und er spürte Schadenfreude und Begeisterung über diese Chance, sich an Moritz zu rächen. Dann aber hielt ihn etwas zurück. Er dachte wieder an das, was Matteo gesagt hatte: „In allem Liebe." Okay, Liebe empfand er auf gar keinen Fall für Moritz, so viel stand fest. Aber wenn er jetzt dieses Foto posten würde, dann wäre er genauso mies und gemein wie Moritz. Deshalb tippte Quinn nach einigem Nachdenken: „Danke, das ist echt der Hammer, aber ich weiß nicht, ob ich das will."

Florian war mal wieder die Ruhe selbst: „Kein Stress, entscheide du. Ich lösche das Foto bei mir, es liegt in deiner Hand. *Du* hast schließlich den Ärger mit Moritz."

Auf den Punkt

- Wer sich mal näher mit der Natur und der Tierwelt befasst, sieht: Die Welt ist voller Wunder. Und es ist erstaunlich, wie sehr alles miteinander zusammenhängt und aufeinander abgestimmt ist. Viele kluge Menschen sehen das als einen Hinweis darauf, dass eine intelligente Macht dahintersteckt.

- Natürlich kann auch alles durch den Urknall und Evolution entstanden sein, doch auch dann stellt sich die Frage: Was war vor dem Urknall? Was erscheint nachvollziehbarer – Gase, die einfach schon immer da waren oder ein ewiger Gott? Viele Forscher sind der Meinung: Damit aus etwas Unbelebtem etwas Belebtes werden kann, braucht es das Eingreifen eines intelligenten Wesens.

- Das Konzept von Gott, von dem die Bibel erzählt, beinhaltet bereits, dass wir ihn nicht völlig verstehen können – weil er größer ist als unser Verstand. Vielen Menschen erscheint es logischer zu glauben, dass ein solcher Gott schon immer existiert, als dass irgendwelche seelenlosen Gase schon ewig im Weltall herumschwirren – eine Sache, die doch eigentlich viel besser zu erklären sein müsste als Gott.

- Der Glaube an Gott als Schöpfer UND der an Urknall und Evolution müssen sich nicht ausschließen. Viele

Christen halten es für möglich, dass Gott durch den Urknall und die Evolution die Welt geschaffen hat – also alles in Gang gesetzt hat. Andere Christen legen Wert auf eine Schöpfung in sieben Tagen, weil sie die Bibel wortwörtlich verstehen. Solche unterschiedlichen Meinungen müssen aber kein Problem sein, denn auch in der Bibel lesen wir, dass Menschen verschiedene Ansichten haben. Wichtig ist am Ende immer: Einigkeit in zentralen Dingen des Glaubens und Freiheit und Liebe in einzelnen Fragen.

Die Sache mit Jesus

Beim Mittagessen erzählte Quinn seinem Onkel von dem Dilemma wegen Moritz.

Matteo schmunzelte, als er das Foto von Moritz sah: „Damit könntest du ihn echt ziemlich blamieren, so viel ist sicher. Ich kann gut verstehen, dass es dich reizt, dich zu rächen."

Quinn nickte: „Oh ja. Ich hab richtig Wut im Bauch. Moritz provoziert mich und stellt mich als dumm dar, wann immer er kann. Der lässt echt keine Gelegenheit aus. Also, irgendwie hätte ich echt Lust, ihm mal zu zeigen, wie beschissen sich das anfühlt."

Matteo nickte. „Das kann ich sehr gut verstehen. Der scheint dir das Leben wirklich extrem schwer zu machen."

Quinn zuckte mit den Schultern: „Hm, aber irgendwie fühle ich mich auch ein bisschen schlecht bei dem Gedanken, das Foto in der Klassengruppe zu posten."

„Da meldet sich wohl dein Gewissen", vermutete Matteo. „Und ob du es glaubst oder nicht – das hat schon wieder was mit unseren Diskussionen über Gott und die Welt zu tun ...“

Quinn seufzte innerlich. Matteo schaffte es mit Leichtigkeit, immer wieder den Bogen zum Glauben und zu Gott zu schlagen. Andererseits ... er fand das alles ja auch interessant.

„Im Christentum geht man davon aus, dass Gott uns das Gewissen als eine Art inneren Kompass geschenkt hat“, erklärte Matteo. „Als eine Hilfe, wenn wir überlegen, was gut und richtig ist. Oder als Warnung, wenn wir auf einem falschen Weg sind. Wenn man sein Gewissen oft genug ignoriert, wird es irgendwann immer leiser und schwächer. Aber bei dir scheint es noch ganz fit zu sein!“ Matteo zwinkerte ihm zu und grinste.

Quinn musste ebenfalls grinsen: „Leider, sonst würde es mir viel leichter fallen, Moritz eins auszuwischen.“

„Ja, es würde sich wahrscheinlich kurz richtig gut anfühlen, aber wozu würde es führen? Moritz würde vermutlich kurz einknicken, aber wahrscheinlich dann so richtig wütend sein – und nach Wegen suchen, wie er es dir heimzahlen kann. Und so entsteht ein Teufelskreis von Stress und Streit, der für euch beide superanstrengend ist und keinem auf Dauer guttut. Wenn du jetzt bewusst darauf verzichtest, ihn zu blamieren, dann würdest du gar nicht erst in diese Dauerschleife einsteigen. Du würdest Größe beweisen und zeigen, dass du dich nicht auf das Niveau von Moritz herablässt. Die Bibel nennt das ‚das Böse mit dem Guten besiegen' (→ Römer 12,21). Jesus hat einen Soldaten, der ihn kurz vor seiner Kreuzigung gefangen genommen hatte, geheilt. Was war passiert? Einer der Jünger von Jesus hatte dem Soldaten vor lauter Wut ein Ohr abgeschnitten. Und Jesus hat in dieser Situation mit Mitgefühl reagiert und das Ohr dieses Soldaten heilend angerührt. Und am Ende war Jesus der Sieger über Tod und Gewalt." (→ nachzulesen in Lukas 22,49–51).

Quinn dachte nach und sein Blick blieb an einem Filmplakat an der Wand hängen, das ihm vorher noch nicht aufgefallen war: Es war von dem Film „Die Passion". Quinn hatte ihn noch nicht gesehen, aber er wusste, dass er vom Sterben und der Auferstehung von Jesus handelte.

Wie glaubwürdig ist diese Sache mit Jesus?

„Zu Jesus habe ich auch noch so einige Fragen", sagte Quinn, „also, ob man das wirklich alles so glauben kann. Kann das denn sein, dass da wirklich ein Typ vom Tod auferstanden ist? Ist ja schon eine verrückte Geschichte, finde ich. Glaubst du das wirklich?"

Matteo nickte. „Ich verstehe dich vollkommen. Ob man das alles glauben kann ... damit habe ich mich auch schon sehr oft beschäftigt. Und es gibt da einen super Film, ‚Der Fall Jesus'. Da untersucht ein atheistischer Journalist, dem das auch alles ziemlich verrückt vorkommt, die Geschichte von Jesus wie einen

Kriminalfall. Eigentlich wollte er den christlichen Glauben auf diese Weise widerlegen. Er recherchierte, welche Berichte, Zeugen und so weiter es gibt – und beurteilte dann das ganze Material sehr sachlich und kritisch nach ihrer Glaubwürdigkeit. Und am Ende kommt er dann zu einem total spannenden Ergebnis …"

„Klingt gut!", fand Quinn, „den können wir uns heute Abend gern mal antun."

FILMTIPP

Der Fall Jesus (Original *The Case for Christ*) ist ein US-amerikanisches christliches Filmdrama von Jon Gunn aus dem Jahr 2017, das auf einer wahren Geschichte basiert und von dem gleichnamigen Buch von Lee Strobel aus dem Jahr 1998 inspiriert wurde.

***

Nach einem entspannten Nachmittag im Schwimmbad und einem leckeren Eis machten es sich Quinn und Matteo vor dem Fernseher bequem. Der Film gefiel Quinn recht gut – stellenweise zwar etwas „typisch Hollywood", aber größtenteils doch ganz bodenständig und vor allem interessant. Nach dem Filmgucken hatte er natürlich noch jede Menge Fragen an seinen Onkel. Und tatsächlich quatschten sie noch bis nach Mitternacht über das Leben und die Auferstehung von Jesus …

Echt viele Hinweise auf Jesus

„Also, was ich superbeeindruckend finde, ist die Sache mit den Prophezeiungen", meinte Matteo. „Es gibt im Alten Testament etwa sechzig Ankündigungen über Jesus und sein Leben – die tatsächlich alle in Erfüllung gegangen sind! Das heißt, mehrere Jahrhunderte vor der Geburt von Jesus hat Gott verschiedenen Menschen bereits Eindrücke gegeben, dass einmal jemand auf der Bildfläche erscheinen würde, der das Leben der Menschen ziemlich verändern wird. Und all das hat sich so viel später wirklich erfüllt."

„Hm, nun ja. Aber könnte Jesus nicht absichtlich die Dinge so gedreht haben, dass es passt?", gab Quinn zu bedenken. „Er kannte ja ganz bestimmt das Alte Testament und wusste, dass die Juden auf den Retter, den Messias, warteten."

Matteo nickte. „Diese Frage habe ich mir vor noch nicht allzu langer Zeit auch gestellt", gab Matteo zu. „Aber wenn man sich die Dinge genau anschaut: Es gibt da zu viele Sachen, die Jesus nicht beeinflussen konnte. Zum Beispiel seinen Geburtsort – Bethlehem – ... seine Abstammung ... den Geldbetrag, für den er von Judas verraten wurde ... dass seine Knochen am Kreuz nicht gebrochen wurden ... oder, dass die Soldaten am Kreuz seine Kleider verlost haben ... Alles Dinge, die Jesus selbst nicht in der Hand hatte."

„Und so konkrete Fakten wurden tatsächlich schon im Alten Testament angekündigt?" Quinn staunte. „Das ist echt ja spannend."

„Ja“, bestätigte Matteo, „der Mathematik-Professor Florian Stoner hat mal berechnet, wie wahrscheinlich es ist, dass nur acht von diesen Prophezeiungen sich zufällig im Leben eines Menschen erfüllen. Die Wahrscheinlichkeit liegt bei eins zu einhundert Millionen Milliarden. Darüber steht auch was in dem Buch zum Film, warte mal ... ich hab es dort im Regal ...“ Matteo stand auf und holte ein Taschenbuch. „Hier: ‚Der Fall Jesus‘ von Lee Strobel.“

ICH STELLTE MIR VOR, JEMAND WÜRDE MIR EINE WETTE ANBIETEN UND NUR IN EINEM VON 100 MILLIONEN MILLIARDEN FÄLLEN KÖNNTE ICH VERLIEREN. IN SO EIN BOMBENSICHERES DING WÜRDE ICH ALLES INVESTIEREN, WAS ICH BESITZE! UND ICH ÜBERLEGTE MIR: „BEI DIESEN CHANCEN – VIELLEICHT SOLLTE ICH MAL DARÜBER NACHDENKEN, MEIN LEBEN IN JESUS ZU INVESTIEREN.“

Lee Strobel aus: Der Fall Jesus. Für Teens. S. 54

LESETIPP

Lee Strobel & Jane Vogel: **Der Fall Jesus. Für Teens.** Auf der Suche nach der Wahrheit.

Aber all die Widersprüche in der Bibel?!

„Aber ich habe mal gehört, dass zum Beispiel die Evangelien sich total widersprechen", warf Quinn ein. „Also, dass der eine das so beschreibt und der andere ganz anders."

Matteo nickte: „Du hast recht, es gibt einige Abweichungen zwischen den einzelnen Evangelien. Allerdings sehen Geschichtswissenschaftler das nicht als Problem. Im Gegenteil, denn wenn mehrere Menschen das Gleiche berichten und es kleine Unterschiede gibt, dann gilt das sogar als Hinweis für die Glaubwürdigkeit und Echtheit der Texte. Denn wenn die Autoren gelogen hätten, dann hätten sie sich besser zuvor abgestimmt ... Nehmen wir zum Beispiel die Geschichte, wo Jesus einen Kranken heilt. Diese Story steht im Lukasevangelium, im Matthäusevangelium und im Johannesevangelium.

LESETIPP

Die Geschichte von der Heilung dieses Mannes steht in **Lukas 7,1–10**, **Matthäus 8,5–13** und in **Johannes 4,46–54**.

Einmal ist von einem kranken Diener die Rede, in dem anderen Evangelium aber von einem kranken Sohn. Der römische Offizier, der Jesus in der Geschichte um Hilfe für diese Person bat, sprach Latein, die damalige Sprache der Römer. Und hier kann die

Übersetzung aus dem Lateinischen eine Rolle spielen: Auf Latein heißt das Wort „puer" nämlich sowohl ‚Kind' als auch ‚Diener'.

Quinn staunte: „Dann gibt es ja zwei Möglichkeiten, dieses Wort zu übersetzen. Krass. Was du alles weißt, Matteo ..."

Matteo lachte. „... und noch ein kleines Detail, das in den einzelnen Evangelien abweicht: Der Autor Matthäus schreibt, der Offizier habe Jesus *selbst um Unterstützung gebeten*, während Lukas berichtet, der römische Offizier habe jemanden *geschickt*. Auch das muss kein Widerspruch sein: Wenn wir beispielsweise sagen, dass der Präsident eines Landes die anderen Länder um Hilfe bittet, dann kann es auch sein, dass er dies durch Botschafter tut. Nun kann man entweder schreiben, dass der Präsident um Hilfe gebeten hat – dann betont man, wer hinter der Botschaft steht. Oder man schreibt konkreter, dass die Botschafter die Bitte geäußert haben – aber dies geschah im Namen des Präsidenten. Beides wäre also richtig."

Quinn kratzte sich am Kinn. Ganz schön viel Stoff, den Matteo hier auffuhr.

„Oder schau dir die Stammbäume von Jesus an, die sowohl Matthäus als auch Lukas aufgeschrieben haben. Die gleichen sich nicht wie ein Ei dem anderen. Dies könnte daran liegen, dass der eine Autor die Vorfahren mütterlicherseits und der andere die Vorfahren väterlicherseits benennt. Noch mal: Nicht jeder Unterschied muss ein Problem sein – wie gesagt, oft trifft sogar das Gegenteil zu, aber das beweist, dass die Autoren unabhängig voneinander ihre Berichte verfasst haben."

Was an der Geschichte von Jesus ist wahr – und was ausgedacht?

Quinn fand Matteos Argumente spannend, aber er war dennoch noch nicht so ganz überzeugt. „Na gut, aber theoretisch könnte doch trotzdem ganz viel ausgedacht sein?", überlegte Quinn.

„Theoretisch klar. Doch praktisch spricht einiges dagegen", entgegnete Matteo. „Zum Beispiel, dass im Matthäusevangelium davon die Rede ist, dass zwei Frauen die Ersten waren, die das leere Grab von Jesus besuchten. Maria Magdalena und Maria. Frauen galten damals nicht als zuverlässige Zeugen. Ihnen wurde oft nicht geglaubt. Hätten die Autoren gelogen, hätten sie definitiv lieber Männer als Zeugen genannt."

„Okay, macht Sinn", räumte Quinn ein, „aber wurde Jesus denn eigentlich auch mal außerhalb der Bibel von Geschichtsschreibern oder so erwähnt? Quasi von Leuten, die nicht zu seinem Fan-Club gehörten?"

Matteo schmunzelte und stand auf. Dann suchte er in seinem Regal ein Buch heraus. „Ja, lass mich mal nachschauen, wo das war .... richtig, hier. Der römisch-jüdische Geschichtsschreiber Flavius Josephus schrieb im Jahr 93 nach Christus:

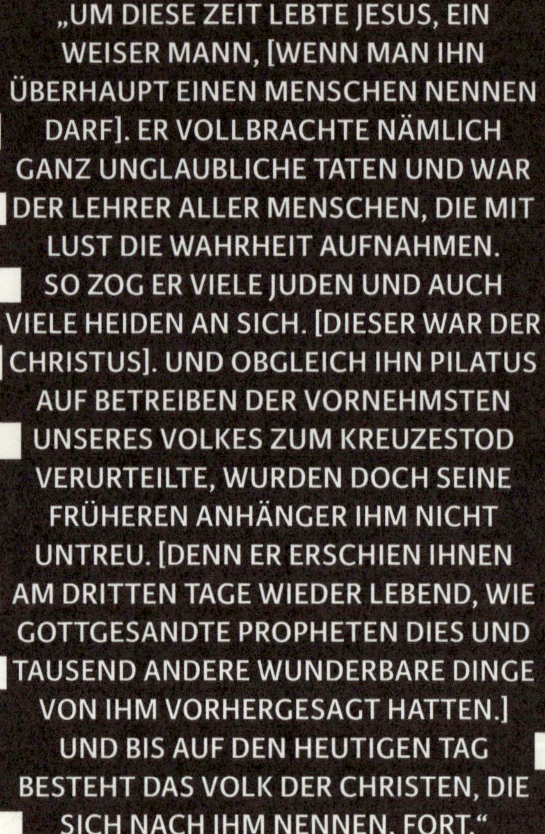
„UM DIESE ZEIT LEBTE JESUS, EIN WEISER MANN, [WENN MAN IHN ÜBERHAUPT EINEN MENSCHEN NENNEN DARF]. ER VOLLBRACHTE NÄMLICH GANZ UNGLAUBLICHE TATEN UND WAR DER LEHRER ALLER MENSCHEN, DIE MIT LUST DIE WAHRHEIT AUFNAHMEN. SO ZOG ER VIELE JUDEN UND AUCH VIELE HEIDEN AN SICH. [DIESER WAR DER CHRISTUS]. UND OBGLEICH IHN PILATUS AUF BETREIBEN DER VORNEHMSTEN UNSERES VOLKES ZUM KREUZESTOD VERURTEILTE, WURDEN DOCH SEINE FRÜHEREN ANHÄNGER IHM NICHT UNTREU. [DENN ER ERSCHIEN IHNEN AM DRITTEN TAGE WIEDER LEBEND, WIE GOTTGESANDTE PROPHETEN DIES UND TAUSEND ANDERE WUNDERBARE DINGE VON IHM VORHERGESAGT HATTEN.] UND BIS AUF DEN HEUTIGEN TAG BESTEHT DAS VOLK DER CHRISTEN, DIE SICH NACH IHM NENNEN, FORT.“

Flavius Josephus; **Jüdische Altertümer.**
Buch 18, Paragraphen 63–64

Flavius Josephus erwähnte übrigens auch die Hinrichtung des Apostels Jakobus, der in der Bibel als Märtyrer beschrieben wird. Es gibt auch noch ein paar andere Geschichtsschreiber dieser Zeit, die Jesus und die spätere Christenverfolgung zum Thema machen, zum Beispiel der Historiker Tacitus und der römische Senator Plinius der Jüngere, der gegen die Christen in seiner Verwaltungsregion vorging und von dem Briefe an den damaligen Kaiser überliefert sind."

„Aber ..." Quinn fiel noch etwas ein: „Ich habe auch mal gelesen, dass die Bibel so oft abgeschrieben wurde, dass man gar nicht mehr wissen kann, was ursprünglich drin stand."

Matteo überlegte eine Weile, dann googelte er auf seinem Handy etwas. Ein paar Minuten herrschte Stille.

„Hier ...", sagte er dann, „ich habe es. Also, es gibt laut Bibelwissenschaftlern tatsächlich sage und schreibe um die 24.000 Abschriften des Neuen Testaments, in verschiedenen Sprachen. Das Spannende ist: Sie alle sind, bis auf kleine Abschreibfehler, nahezu identisch. Das spricht dafür, dass beim Abschreiben sehr gründlich gearbeitet wurde – kein Wunder, die Texte waren den Schreibern ja auch sehr wertvoll. Was auch wichtig ist zu erwähnen: Bei vielen bekannten historischen Werken liegt sehr viel Zeit zwischen der eigentlichen Entstehung des Textes und der ältesten Abschrift, die wir noch haben. Zum Beispiel Texte von Tacitus, dem größten Historiker der Antike, oder Julius Cäsar. Da haben wir keine Originale mehr und die ältesten Abschriften, die noch existieren, sind 800–900 Jahre später geschrieben worden! Da kann sich einiges verändert haben, klar. Und doch nehmen

Geschichtswissenschaftler diese Abschriften sehr ernst. Dagegen stammt die bisher älteste Abschrift eines Textes aus dem Johannesevangelium aus dem Jahr 125 n. Chr. Das war nur wenige Jahrzehnte nachdem Johannes sein Evangelium verfasst hat: Das Original entstand etwa um 95 nach Christus."

Quinn versuchte, konzentriert zu bleiben. Von den vielen Fakten wurde ihm schon etwas schwindlig.

„Und es gibt einen Punkt, den ich in diesem Zusammenhang ganz, ganz spannend finde: Der christliche Glaube hat sich ja in den ersten Jahrzehnten nach dem Tod und der Auferstehung von Jesus sehr schnell verbreitet. Also zu einer Zeit, als sehr viele Augenzeugen noch lebten. Menschen, die Jesus persönlich gekannt haben. Da wäre es schwierig gewesen, einfach Quatsch zu erzählen, denn dann hätte es sicher viele Gegenstimmen gegeben."

„Verstehe." Quinn ließ die Gedanken sacken. „Und was ist mit dem Alten Testament?", hakte er nach einer Denkpause nach. „Das ist ja noch mal viel älter ..."

Matteo nickte: „Das stimmt. Komm, machen wir hier erst mal einen Punkt. Dir fallen doch schon die Augen zu. Und mir auch. Ich schlage vor, wir gehen erst mal schlafen. Und morgen früh kannst du ja mal einen Eintrag in meinem alten Bibellexikon nachlesen. Ich leg es dir dann hier auf den Tisch ..."

***

Als Quinn am nächsten Morgen verschlafen aus dem Gästezimmer tappte und ins Wohnzimmer kam, fiel sein Blick auf das aufgeschlagene Lexikon auf dem Couchtisch. Er blieb stehen und las:

Fund in Qumran

Am Toten Meer fanden Forscher 1947 Fragmente von etwa 850 Schriftrollen, darunter eine fast unbeschädigte Rolle des Buches Jesaja, Teile der Psalmen und des Buches Daniel.

Die Schriftrolle des Jesaja-Buches stammt aus der Zeit um 200 vor Chr. und enthält fast lückenlos den Text des Propheten. Im Vergleich mit unserer heutigen Textversion gibt es nur sehr wenige, inhaltlich unbedeutende Unterschiede. Forscher bestätigten mit den Qumran-Funden, dass die Bibel zu den am besten und genausten überlieferten Büchern der Welt gehört.

„Mhm", murmelte Quinn und ließ die Informationen sacken.

„Guten Morgen, du Langschläfer!", lachte Matteo, als Quinn wenig später in die Küche kam. „Und, du hast die Sache mit den Schriftrollenfunden schon gelesen, hab ich recht?"

Quinn grinste und goss sich Kakao in die Tasse. „Ja. Aber trotzdem frage ich mich, wie man ernsthaft an den Inhalt der Bibel glauben kann ..."

Matteo nickte. „Weißt du, all das sind keine letztgültigen Beweise. Man kann immer wieder Zweifel haben und Fragen stellen. Das ist okay. Aber zumindest zeigen all diese Dinge, dass es nicht dumm oder naiv ist, an Jesus zu glauben. Dass da wirklich etwas dran sein könnte. Und vor allem, dass man wissenschaftliches, vernünftiges Denken und Glauben durchaus gut miteinander verbinden kann. Albert Einstein sagte mal:

„WISSENSCHAFT OHNE RELIGION IST LAHM, RELIGION OHNE WISSENSCHAFT IST BLIND."

Albert Einstein

Warum sich Gott nicht beweisen muss

Quinn seufzte: „Ach Mensch, manchmal finde ich das alles ganz schön kompliziert. Warum zeigt sich Gott nicht einfach mal? Warum kommt Jesus nicht jetzt hier zu uns und beweist uns, dass er wirklich der Sohn Gottes ist?"

Matteo griff nach dem Marmeladenglas und lächelte Quinn verständnisvoll zu: „Das habe ich mir auch schon oft gewünscht. Aber andererseits – wenn ich näher drüber nachgedacht habe, dann auch wieder nicht. Denn ganz ehrlich: Wenn Gott uns absolut hundertprozentige Beweise liefern würde, wenn wir ganz genau wüssten, dass es ihn gibt – wären wir dann überhaupt noch frei? Gott hat uns ja nicht als Roboter erschaffen, sondern als eigenständige, freie

Wesen. Und er wünscht sich eine Beziehung zu uns, eine, die wir freiwillig zu ihm suchen. Er möchte uns nicht zwingen, an ihn zu glauben, sondern er möchte Vertrauen, eine Beziehung in Freiheit."

Diesen Gedanken fand Quinn ziemlich spannend – darüber hatte er noch nicht nachgedacht: „Du meinst, wenn wir es ganz sicher wüssten, dass es ihn gibt und dass das alles mit Jesus stimmt und so … dann könnten wir gar nicht mehr selbst entscheiden, ob wir mit Gott befreundet sein wollen, ob wir was mit ihm zu tun haben wollen oder nicht?"

Matteo nickte: „Ja, die meisten Menschen würden doch, wenn sie wüssten, dass es einen so starken, mächtigen Gott gibt, allein schon zu ihrem eigenen Vorteil seine Nähe suchen. Weil es natürlich besser ist, wenn man die stärkste Macht des Universums auf seiner Seite hat. Aber ist das dann noch eine echte Freundschaft? Oder nicht doch eher eine Beziehung aus Eigennutz oder zumindest aus Vernunft? So eine richtig freie Entscheidung für oder gegen eine Verbindung mit Gott wäre dann schwierig, glaube ich. Ich denke", beendete Matteo seine Überlegungen, „der wichtigste Aspekt bei all diesen Fragen ist, einzusehen, dass wir mit unserem begrenzten Verstand nicht alles verstehen können."

Quinn rührte in seiner Tasse und schwieg.

„Warte", sagte Matteo, „da habe ich doch neulich irgendwo ein echt gutes Zitat gelesen." Er öffnete seine Foto-App und las vor:

„MANCHE MENSCHEN REDUZIEREN DIE WIRKLICHKEIT AUF DAS, WAS SIE MIT DEM KOPF VERSTEHEN KÖNNEN, UND WUNDERN SICH DANN, DASS SIE GOTT NICHT FINDEN. AN GOTT ZU GLAUBEN IST NICHT GEGEN DEN VERSTAND, ABER ÜBER DEN VERSTAND HINAUS. ES GIBT MEHR ALS DAS, WAS WIR MIT LOGIK ERFASSEN KÖNNEN."

Dr. Johannes Hartl, auf Instagram

„Mhm, interessant", sagte Quinn und stand auf: „Ich gehe duschen. Ich muss das alles erst mal verdauen – das war wieder ein ziemlich intensives Frühstück!"

Matteo lachte und schenkte sich noch etwas Tee nach.

Auf den Punkt

- Es gibt im Alten Testament etwa 60 Ankündigungen über Jesus und sein Leben, die alle in Erfüllung gegangen sind. Der Mathematik-Professor Florian Stoner hat berechnet, wie wahrscheinlich es ist, dass nur acht von den Prophezeiungen sich zufällig im Leben eines Menschen erfüllen. Die Wahrscheinlichkeit liegt bei eins zu einhundert Millionen Milliarden.

- Kleine Abweichungen in historischen Berichten wie zwischen den einzelnen Evangelien gelten in der Geschichtswissenschaft nicht als Problem, sondern sogar als Hinweis auf die Glaubwürdigkeit und können oft mit verschiedenen Wortbedeutungen oder Schwerpunktsetzungen erklärt werden.

- Dass in der Geschichte über die Auferstehung von Jesus zwei Frauen als erste Augenzeuginnen erwähnt werden, ist ein weiteres wichtiges Argument für die Glaubwürdigkeit dieses Berichts: Damals galt das Wort von Frauen wenig – hätten die Autoren also bewusst gelogen, hätten sie wohl lieber Männer genannt.

- Jesus und einige Aspekte seiner Lebensgeschichte werden auch von nicht-christlichen Geschichtsschreibern erwähnt.

→ Funde von historischen Ausgrabungen helfen uns, zu vergleichen, ob unsere heutigen Bibeltexte nah an den Originalen dran sind. Tatsächlich gilt die Bibel als äußert gut und genau überliefert – und die ältesten aufgefundenen Texte sind viel älter als die vieler anderer anerkannter antiker Schriftstücke.

Und was ist mit den anderen Religionen?

Nach der Dusche fühlte Quinn sich schon ein wenig frischer – und sogar richtig gut gelaunt. Doch das Stimmungshoch verflog beim Blick auf sein Handy: Moritz hatte mal wieder richtig Gas gegeben. In der Klassengruppe hatte er geschrieben: „Jo, Leute, was macht ihr so in den Ferien? Ich bin gerade auf Mallorca, Sonne, Strand, lecker Essen … und ihr so? Ich wette, euer Urlaub ist auch richtig nice. Außer Quinn … der treibt sich bestimmt im Streichelzoo rum oder bastelt Fensterbilder mit seiner Mama! Oder, Quinny-Boy?“

Darauf folgten, wie konnte es anders sein, mindestens zehn belustigte Emojis und Kommentare … Sogar ein Tränen lachender Emoji von Pia war dabei!

Quinn brodelte vor Wut. Zugleich war ihm zum Heulen zumute. Konnte dieser Mistkerl ihn nicht einfach mal in Ruhe lassen!? Was hatte er ihm getan, dass er sich immer ihn als Opfer für sein bescheuertes Gelaber aussuchen musste? Und warum machten so viele der anderen einfach mit? Warum sogar Pia? Hatte er sie so völlig falsch eingeschätzt? Er konnte einfach nicht verstehen, warum alle so treudoof diesem dämlichen Moritz hinterherdackelten. Egal, was er tat, er gab den Ton an.

Quinn war kurz davor, das Foto, das Florian ihm geschickt hatte, jetzt als Racheaktion zu nutzen. Doch als er es gerade anklicken wollte, spürte er wieder dieses schlechte Gewissen. Und ohne weiter nachzudenken, schickte er das Foto nur an Moritz selbst und tippte dann eine Nachricht:

„Junge, ich weiß nicht, was mit dir los ist. Keine Ahnung, was ich dir je getan habe. Ich wollte dich einfach wissen lassen, dass ich kurz davor war, dich mal spüren zu lassen, wie das so ist, wenn man ausgelacht wird. Aber ganz ehrlich – ich will mich nicht auf dein Niveau herablassen. Ich will nicht genauso mies sein wie du. Und deshalb schicke ich das Foto jetzt dir, lösche es auf meinem Handy, und dann kannst du damit machen, was du willst. Denk mal drüber nach."

Abgeschickt. Quinn setzte sich hin und atmete tief durch. Irgendwie fühlte er sich nun deutlich besser. Egal, wie Moritz reagieren würde – er hatte deutlich gemacht, dass er über diesem Kindergarten stand. Und das fühlte sich irgendwie gut an.

Gnade – der große Unterschied zu den anderen Religionen

Als Quinn mit Matteo einkaufen ging, liefen sie an einer Moschee vorbei. Das brachte Quinn auf ganz andere Gedanken: „Du, sag mal, wie ist das eigentlich mit den anderen Religionen? Wie kannst du dir so sicher sein, dass ausgerechnet das Christentum die Wahrheit für sich gepachtet hat?"

Matteo schmunzelte: „'Wahrheit für sich gepachtet', das klingt so negativ. Aber du hast natürlich auf eine gewisse Weise recht. Jesus sagt über sich selbst: ‚Ich bin der Weg, die Wahrheit und das Leben. Niemand kommt zum Vater außer durch mich.' Das heißt, Jesus hatte schon den Anspruch, dass er derjenige ist, der uns Menschen mit Gott zusammenbringt. Und darin steckt auch ein ganz großer, entscheidender Unterschied zwischen dem Christentum und anderen Religionen: nämlich in dem, was wir Gnade nennen."

„Oha, das klingt wieder kompliziert!", stöhnte Quinn.

Doch Matteo schüttelte den Kopf: „Im Grunde bedeutet Gnade einfach ‚Geschenk'. Im christlichen Glauben schenkt Gott uns durch Jesus, seinen Sohn, die Erlösung. Befreiung. Er bietet uns Befreiung von unserer Schuld an, Befreiung von unserem Versagen, aber auch von Angst, Sucht, Verzweiflung, Sinnlosigkeit und so weiter. Gott bietet uns ein ganz neues Leben mit ihm an, an seiner Seite – hier auf der

Erde und nach unserem Tod im Himmel. Dort wird es dann all den Mist, das Leid, das uns hier belastet, nicht mehr geben."

„Okay, aber die anderen Religionen haben so etwas wie ein Jenseits doch teilweise auch", wandte Quinn ein. „Im Islam zum Beispiel gibt es etwas Ähnliches wie den Himmel oder im Buddhismus das Nirvana, wo quasi nichts mehr ist ... ist aber ja auch so etwas wie eine Erlösung."

„Richtig", stimmte Matteo ihm zu. „Worauf ich jedoch hinauswollte: Einzig und allein im Christentum ist die Erlösung ein unverdientes Geschenk. Etwas, das wir nur annehmen müssen, das wir uns aber nicht verdienen müssen oder verdienen können. In den anderen Religionen spielt immer eine große Rolle, was man tun muss, wie man leben muss, um sich beispielsweise das ewige Leben im Himmel oder das Nirvana zu verdienen. Man muss sich anstrengen, sein Bestes tun, bestimmte Pflichten erfüllen – und dann hoffen, dass es reicht. Das ist sehr viel Druck, und am Ende weiß man trotzdem nicht, ob man es geschafft hat, ob man gut genug war. Die Christen zeigten auch manchmal solche Tendenzen, zum Beispiel, als im Mittelalter sogenannte Ablassbriefe verkauft wurden, anhand derer man die Zeit im angeblichen Fegefeuer verkürzen konnte. Aber im Grunde hat Jesus ganz klar gemacht: Allein der Glaube an ihn ist es, was Menschen rettet und befreit. Dass wir in unseren Entscheidungen nach Gottes Willen fragen, ist gut und eine logische Folge unserer Liebe zu ihm, weil wir erkennen, dass Gott es gut mit uns meint. Aber das ist nicht das, was uns erlöst. Nicht unsere guten Taten bringen uns in den Himmel, sondern allein, dass Gott durch Jesus zu uns Ja gesagt hat. Wir müssen dieses Angebot nur annehmen, mehr nicht. Ein kluger Kopf hat mal gesagt: ‚Christen sind nicht besser, sondern nur besser dran.'"

Liegen die anderen Religionen falsch?

„Verstehe", murmelte Quinn, „Das ist natürlich echt ein großer Unterschied. Aber das bedeutet ja nicht unbedingt, dass alle anderen mit dem, was sie so meinen, falschliegen, oder?"

„Nein", antwortete Matteo, „ich meine, dass an der Sache mit Jesus durchaus einiges dran sein kann, darüber haben wir ja gestern gesprochen. Da gibt es sehr viele Fakten und Hinweise, die es so in anderen Religionen nicht gibt. Was für die Auferstehung spricht zum Beispiel, oder dass die Bibel sehr zuverlässig überliefert wurde. Dennoch würde ich aber auch nicht sagen, dass wir Christen als Einzige alles kapieren – und die anderen nichts. Ich bin zum Beispiel gut mit einigen Juden, Muslimen und Buddhisten befreundet. Wir tauschen uns oft über unseren Glauben aus, und das auf sehr respektvolle Art und Weise. Ich lerne vieles von ihnen, zum Beispiel habe ich wieder ein ganz neues Gespür für die Ehrfurcht vor Gott bekommen. Manchmal wird Jesus bei uns so sehr kumpelmäßig dargestellt – und einerseits ist er ja auch Mensch geworden und will unser Freund sein. Aber hey, trotzdem ist Gott eben auch wahnsinnig mächtig und groß, und das ist etwas, das ich zum Beispiel ganz stark bei meinen muslimischen Freunden wahrnehme. Bei den jüdischen Freunden – es sind Kollegen von mir – gefällt mir, wie problemlos sie auch mit unterschiedlichen Meinungen innerhalb ihrer Religion umgehen. Für sie ist es ganz normal, zu diskutieren und mal die Haltung des einen Rabbis und dann die des anderen anzuschauen und immer wieder neu zu überlegen, was uns die alten Schriften wohl heute sagen können."

„Okay, du willst die also nicht alle bekehren oder so?", fragte Quinn, „weil ... wenn Jesus doch nun einmal der Weg, die Wahrheit und das Leben ist ... dann ist das ja schon wichtig, oder nicht? Und dann geht es doch deiner Meinung nach bestimmt auch nicht ohne ihn?"

Matteo dachte kurz nach: „Es stimmt, ich glaube, dass Jesus wirklich der Retter der Welt ist, und ich wünsche jedem, diesen Jesus persönlich kennenzulernen. Einfach, weil Jesus schon so viel Gutes in meinem Leben bewirkt hat. Und auch im Leben vieler anderer Menschen, die ich kenne. Aber ich bin auch davon überzeugt, dass Gott jeden Menschen im Blick hat und jedem auf seine Art und Weise begegnet. Ich sehe keinen Sinn darin, Menschen zu irgendwas zu überreden oder auf irgendeine Weise Druck auszuüben. Wenn Menschen Interesse haben, erzähle ich gern, warum ich Christ bin und warum Jesus mich so überzeugt. So wie dir jetzt. Aber ich traue Jesus absolut zu, dass er sich jedem Menschen auf die Art und zu dem Zeitpunkt bekannt machen wird, der für diesen Menschen passt. Ich bin gern da und beantworte Fragen, aber jeder muss selbst für sich schauen, was für ihn wann Sinn ergibt. Letztlich sind auch die vielen anderen Religionen in gewisser Weise ein Hinweis darauf, dass es eine höhere Macht, also jemanden wie Gott, geben könnte."

„Wie meinst du das?", hakte Quinn stirnrunzelnd nach.

„Na ja, eine Studie hat gezeigt, dass etwa zwei Drittel der Weltbevölkerung sich als religiös beziehungsweise gläubig bezeichnen. Ist nicht auch das irgendwie ein Indiz dafür, dass es mehr gibt als das, was wir sehen können? Es scheint ja offenbar tief in uns Menschen drinzustecken, diese Ahnung, dass es da noch etwas Größeres gibt."

Kommen nur Christen in den Himmel?

„Glaubst du denn, dass nur Christen in den Himmel kommen? Ich finde das irgendwie krass, die Vorstellung, dass alle anderen dann einfach in der Hölle schmoren – nur weil sie falsch lagen", überlegte Quinn.

„Oh ja", sagte Matteo, „das ist ein richtig schwieriges Thema. Es gibt Christen, die das wirklich so sehen.

Sie gehen davon aus, dass Gott jedem Menschen auf irgendeine Weise die Chance gibt, ihn als Retter anzunehmen. Und sie sagen dann aber eben auch: Wenn die Menschen Gott nicht wollen, dann zwingt er sie auch nicht, bei ihm zu sein. Es gibt Bibelstellen, die klingen so, als gäbe es etwas wie eine Hölle. Ich suche die Bibelstelle mal raus, warte kurz ... ah ja, hier ... Matthäus 25,31-46 (LU84):

Wenn aber der Menschensohn kommen wird in seiner Herrlichkeit und alle Engel mit ihm, dann wird er sitzen auf dem Thron seiner Herrlichkeit, und alle Völker werden vor ihm versammelt werden. Und er wird sie voneinander scheiden, wie ein Hirt die Schafe von den Böcken scheidet, und wird die Schafe zu seiner Rechten stellen und die Böcke zur Linken. Da wird dann der König sagen zu denen zu seiner Rechten: „Kommt her, ihr Gesegneten meines Vaters, ererbt das Reich, das euch bereitet ist von Anbeginn der Welt! Denn ich bin hungrig gewesen und ihr habt mir zu essen gegeben. Ich bin durstig gewesen und ihr habt mir zu trinken gegeben. Ich bin ein Fremder gewesen und ihr habt mich aufgenommen. Ich bin nackt gewesen und ihr habt mich gekleidet. Ich bin krank gewesen und ihr habt mich besucht. Ich bin im Gefängnis gewesen und ihr seid zu mir gekommen."

Dann werden ihm die Gerechten antworten und sagen: „Herr, wann haben wir dich hungrig gesehen und haben dir zu essen gegeben, oder durstig und haben dir zu trinken gegeben? Wann haben wir dich als Fremden gesehen und haben dich aufgenommen, oder nackt und haben dich gekleidet? Wann haben wir dich krank oder im Gefängnis gesehen und sind zu dir gekommen?"

Und der König wird antworten und zu ihnen sagen: „Wahrlich, ich sage euch: Was ihr getan habt einem von diesen meinen geringsten Brüdern, das habt ihr mir getan."

Dann wird er auch sagen zu denen zur Linken: „Geht weg von mir, ihr Verfluchten, in das ewige Feuer, das bereitet ist dem Teufel und seinen Engeln! Denn ich bin hungrig gewesen und ihr habt mir nicht zu essen gegeben. Ich bin durstig gewesen und ihr habt mir nicht zu trinken gegeben. Ich bin ein Fremder gewesen und ihr habt mich nicht aufgenommen. Ich bin nackt gewesen und ihr habt mich nicht gekleidet. Ich bin krank und im Gefängnis gewesen und ihr habt mich nicht besucht."

Dann werden sie ihm auch antworten und sagen: „Herr, wann haben wir dich hungrig oder durstig gesehen oder als Fremden oder nackt oder krank oder im Gefängnis und haben dir nicht gedient?"

Dann wird er ihnen antworten und sagen: „Wahrlich, ich sage euch: Was ihr nicht getan habt einem von diesen Geringsten, das habt ihr mir auch nicht getan."
Und sie werden hingehen: diese zur ewigen Strafe, aber die Gerechten in das ewige Leben.

„Alter ...!", murmelte Quinn, „Das klingt hammerhart. Wobei da ja nicht mal von Glauben die Rede ist, sondern davon, wie die Menschen gelebt haben. Ob sie anderen geholfen haben und großzügig waren."

„Ja, da hast du recht!", pflichtete Matteo ihm bei. „Dann gibt es aber auch die Bibelstellen wie die, dass Jesus der Weg, die Wahrheit und das Leben ist und niemand zum Vater kommt, außer durch ihn."

„Mhm", überlegte Quinn, „aber was genau heißt dieses ‚durch ihn'? Kann ja auch sein, dass eben dadurch, dass Jesus gestorben und auferstanden ist, er bereits alles klargemacht hat. Also, dass dadurch bereits jeder Mensch irgendwie gerettet ist ... und Glauben heißt dann, das Geschenk quasi anzunehmen und dann auch mit Jesus eine Freundschaft aufzubauen, mit ihm zu reden und so weiter. Oder?"

Matteo pfiff anerkennend durch die Zähne: „Du machst dir echt kluge Gedanken, mein Guter! Das, was du sagst, geht in die Richtung eines Gedankens, den man auch ‚Allversöhnung' nennt."

„Also, du meinst, dass am Ende alle mit Gott versöhnt und bei ihm sind?", überlegte Quinn.

Matteo nickte: „Genau. Zu dieser Idee der Allversöhnung gehört zum Beispiel auch die Vorstellung, dass nach dem Tod jeder Mensch sein Leben reflektieren und auch sehen und fühlen wird, was er falsch gemacht hat. Das kann dann schon auch ganz schön schmerzhaft sein! Aber dann – so der Gedanke – kann jeder Mensch noch mal Ja zu Gott sagen, und im Angesicht Gottes wird das vermutlich auch jeder tun ... Es gibt da zum Beispiel eine Bibelstelle, wo so etwas wie Allversöhnung anklingt, nämlich im Kolosserbrief, Kapitel 1, Vers 19–20 (NGÜ):

> Ja, Gott hat beschlossen, mit der ganzen Fülle seines Wesens in ihm zu wohnen und durch ihn das ganze Universum mit sich zu versöhnen. Dadurch, dass Christus am Kreuz sein Blut vergoss, hat Gott Frieden geschaffen. Die Versöhnung durch Christus umfasst alles, was auf der Erde, und alles, was im Himmel ist.

Das klingt irgendwie ziemlich allumfassend, finde ich. Nicht so, als ob bestimmte Menschen draußen bleiben müssten. Und definitiv klingt es anders als die Bibelgeschichte von vorhin ... ziemlich kompliziert!"

„Ja, echt kompliziert und verwirrend", bestätigte Quinn.

„Und, was ich in dem Zusammenhang mit der Allversöhnungsidee auch spannend finde", sprach Matteo weiter, „der Begriff ‚ewig' in der Formulierung ‚ewige Strafe' kann auch übersetzt werden mit ‚lange Zeit'. Vielleicht gibt es eine Art Strafe im Sinne von Gerechtigkeit. Das finden manche Menschen ganz wichtig, wenn man beispielsweise an Hitler oder so denkt. Aber nach dieser Logik wäre die Strafe dann eben zeitlich begrenzt – und es ist noch Erlösung, Rettung möglich. Oder vielleicht ist es auch keine äußerliche Strafe, sondern ein tiefer Schmerz über die eigenen Fehler, über das, womit man Schaden angerichtet oder andere verletzt hat. Und dann, nach dieser Straf- und Leidenszeit, würden am Ende die Menschen doch alle freigesprochen, weil Gott ihnen die Schuld vergibt und sie ohne Wenn und Aber liebevoll annimmt."

„Puh, ganz schön viele verschiedene Gedanken und Konzepte!", stellte Quinn fest, „da brummt einem ja der Schädel!"

Matteo schmunzelte: „Stimmt. Die Bibel ist eben kein Rezeptbuch und auch keine Faktensammlung. Was ich dir empfehlen würde, ist, dein Herz Gott gegenüber nicht zu verschließen. Zweifel sind gut, sind normal, also völlig okay, aber sei und bleibe offen für ihn. Du kannst ihm sagen, dass du ihn gern kennenlernen möchtest, aber gleichzeitig noch nicht sicher bist, ob es ihn überhaupt gibt. Damit kannst du nichts falsch machen." Matteo zwinkerte Quinn zu.

Dann fiel ihm noch was ein: „Es könnte auch sein, dass die Bibel ganz bewusst nicht total eindeutig sein soll. Ein Theologe hat mal was dazu gesagt, warte, ich schau mal, ob ich den Satz wiederfinde ..."

Konzentriert tippte Matteo auf seinem Handy herum, dann nickte er: „Ja, genau, Herr von Eicken war das. Der meinte:

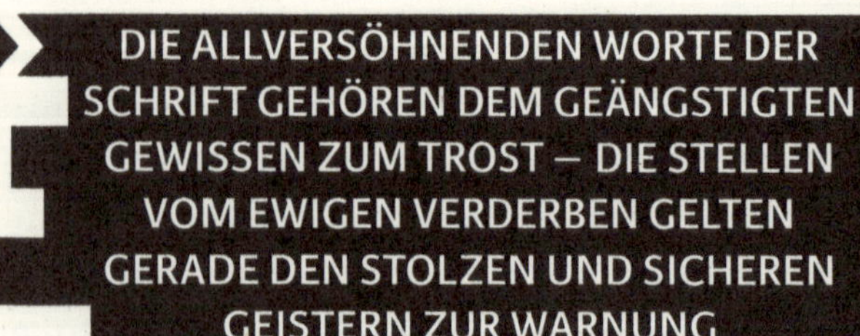

Ganz schön sperrige Sprache, aber kapierst du ungefähr, was gemeint ist?“

Quinn dachte kurz nach, dann nickte er vorsichtig: „Ich denke schon, ja. Die Stellen in der Bibel, die so klingen, als wenn am Ende alle zu Gott kommen, sollen die Vorsichtigen oder Ängstlichen schützen. So Menschen, die sich immer anstrengen und trotzdem ständig Sorge haben, was falsch zu machen. Mein Nachbar Ben ist so einer. Denen soll mit solchen Aussagen die Angst genommen werden, damit sie sich nicht immer so unter Druck setzen. – Und die anderen Stellen, die eher streng und warnend klingen, sind für die, die meinen, sie könnten sich alles erlauben. Um ihnen klarzumachen, dass es da schon jemanden gibt, vor dem sie sich mal verantworten müssen.“

„Perfekt erklärt!“, lobte Matteo ihn.

Auf den Punkt

- Ein wesentlicher Unterschied zwischen dem christlichen Glauben und anderen Religionen ist die Gnade: Im Christentum wird uns die Erlösung von aller Schuld und allem, was unsere Freiheit zerstört, geschenkt. Jesus bietet uns Rettung an, die wir ohne Gegenleistung annehmen dürfen.

- Jesus sagt von sich: „Ich bin der Weg, die Wahrheit und das Leben!" (Johannes 14,6). Dennoch sollten wir uns anderen Religionen gegenüber niemals rechthaberisch, sondern respektvoll verhalten. Auch wer an Jesus als Retter der Menschheit glaubt, kann vom Austausch mit Andersgläubigen etwas für sich mitnehmen.

- Die Bibel ist, was das Thema „Himmel und Hölle" angeht, nicht ganz einfach zu verstehen. Es gibt Stellen, die nach einer solchen Aufteilung klingen, aber auch andere, die Hoffnung machen, dass am Ende einmal alle bei Gott sein werden.

- Womöglich hat gerade diese Uneindeutigkeit innerhalb der Bibel einen Sinn. Genauso wie in der Wissenschaft hat auch das, was wir im Glauben verstehen können, Grenzen. Wir müssen nicht alles verstehen. Wichtig ist, offen zu bleiben auf der Suche nach Gott.

Wie kann ein liebender Gott so viel Leid zulassen?

Seltsamerweise kam von Moritz überhaupt keine Reaktion auf Quinns Nachricht. Damit hatte Quinn nicht gerechnet, denn eigentlich war Moritz jemand, der in jeder Diskussion stets das letzte Wort haben wollte. Irgendwie verunsicherte Quinn die Tatsache ziemlich – was hatte dieses Verhalten zu bedeuten? Wusste Moritz einfach nicht, was er schreiben sollte? Oder brachte er gerade durch irgendeine fiese Aktion wieder die ganze Klasse gegen Quinn auf, auch wenn Quinn das Foto gelöscht hatte? Das wäre total daneben! Aber Moritz war fast alles zuzutrauen ...

Und als wären diese Sorgen nicht Stress genug für einen Tag, ploppte auf einmal eine Nachricht im Familienchat auf. Quinns Vater schrieb: „Insolvenz ist nicht mehr abzuwenden. Können unser Haus womöglich dann auch nicht mehr halten."

Quinn zuckte zusammen. Ihm wurde heiß und kalt zugleich. Tränen traten ihm in die Augen und sein Herz raste. Das durfte doch einfach nicht sein!!

Er hatte gewusst, dass es nicht gut lief in der Firma … Aber dass es so schlimm stand, dass sie pleite gehen könnten, hätte er niemals gedacht. Und dann auch noch das Haus, sein Zuhause, in dem er sein ganzes bisheriges Leben verbracht hatte, verlieren?

In dem Moment klingelte Quinns Handy. Papa war dran: „Quinn, es tut mir leid!" Seine raue, tiefe Stimme klang vertraut und doch seltsam angespannt. „Ich wollte das nicht in die Familiengruppe stellen, das sollte eigentlich an Matteo gehen. Ich hatte das natürlich ganz in Ruhe mit dir besprechen wollen. Entschuldige bitte, dass du es nun so erfahren hast. Ich war selbst gerade etwas gestresst und habe da einfach nicht aufgepasst."

Quinn schluckte und bemühte sich, möglichst normal zu klingen: „Ach so, okay."

Beide schwiegen eine Weile, dann setzte Papa noch mal an: „Das ist sicherlich ein großer Schock für dich, mein Großer. Wir haben bis zuletzt gehofft, dass wir die Firma noch retten können. Deshalb ja auch diese Geschäftsreise, das war quasi die letzte Chance. Wir haben es dir nicht so genau erzählt, weil wir dich nicht unnötig beunruhigen wollten. Es war ja eh schon alles so stressig für dich in der Schule und – na ja … aber nun weißt du Bescheid und … es tut mir leid."

Quinn konnte die Tränen kaum noch zurückhalten: „Und … du meinst, wir müssen das Haus verkaufen?"

Papa schluckte hörbar: „Das befürchte ich, ja. Es ist einfach sehr groß und die Kreditrate, die wir dafür zahlen müssen, zu teuer für ... für unsere aktuellen Möglichkeiten. Wir werden uns einschränken müssen, Quinn. Das wird für uns alle nicht einfach sein. Aber wir werden uns bemühen, ein schönes neues Zuhause zu finden, möglichst in der Nähe. Das wird schon werden, wir schaffen das gemeinsam!"

„Ja, na klar", flüsterte Quinn, doch seine Stimme klang brüchig. „Ich muss erst einmal auflegen, bis später!"

Kaum hatte er aufgelegt, schmiss Quinn sich auf das Bett und ließ seinen Tränen freien Lauf. Alles in ihm fühlte sich dunkel und hoffnungslos an. Er hasste Veränderungen und die Vorstellung, sein Zuhause zu verlieren ... Sein Zimmer war immer sein Rückzugsort gewesen. Dort fühlte er sich wohl und sicher. Und nun sollte ihm diese Oase einfach weggenommen werden?

Zehn Minuten später klopfte Matteo an die Tür. Quinn bat ihn rein und sah an seinem Blick, dass auch er inzwischen Bescheid wusste. Papa hatte also auch ihm geschrieben.

Wortlos setzte Matteo sich auf die Bettkante und klopfte etwas unbeholfen auf Quinns Schulter. Quinn wollte tapfer sein und versuchte, aufzustehen, doch dann überrollte ihn wieder eine Welle von Wut und Traurigkeit und er ließ sich gegen Matteo fallen, der ihn fest in den Arm nahm.

„So ein unfassbarer Mist!", murmelte Matteo. „Es tut mir so wahnsinnig leid!"

„Ich kann es noch gar nicht richtig glauben", schluchzte Quinn. „Ich meine ... ist nicht in der letzten Zeit genug Mist passiert? Erst wechselt mein bester und einziger Freund die Schule, dann das Gemobbtwerden ... und nun verliere ich auch noch den einzigen Ort, an dem ich mich so richtig wohlfühle!"

Matteo sah ihn mitfühlend an. „Das verstehe ich. Das ist echt hart. Aber weißt du, ich bin auch schon oft umgezogen, und dein neues Zuhause wird auch wieder so ein Wohlfühlort werden, das geht schneller, als du denkst. Auch wenn man es sich vorher nicht vorstellen kann."

„Ach ja?", entgegnete Quinn und fühlte auf einmal so viel Wut in sich aufsteigen. „Schön, dass du das so genau weißt! Ich glaube aber, dass es für mich anders sein wird als für dich, weil ich mit Veränderungen immer ziemliche Probleme habe. Und weil es mir eh schon ziemlich dreckig geht seit einiger Zeit. Was sagt eigentlich dein lieber Gott dazu? Ich meine, wenn man sich diese Welt so anschaut ... Ganz ehrlich, wie kann man da noch an einen Gott glauben, der es gut mit uns Menschen meint? Einige Leute haben ständig Glück, leben in Saus und Braus und andere erleben ständig nur mieses Zeug ... Die ganzen Kriege ... Kinder, die wegen Hunger sterben ... und ja, okay, das mag jetzt weniger schlimm sein, aber auch mein Leben. Warum lässt Gott zu, dass so viel

Schlechtes passiert? Warum greift er nicht ein und sorgt für Gerechtigkeit? Warum hat er meinen Eltern nicht geholfen, die Firma zu retten? Heißt es nicht, Gott ist allmächtig?"

Matteo nickte und seufzte: „Das ist eine der schwierigsten Fragen überhaupt. Und ich kann absolut nachvollziehen, dass sie dich beschäftigt. Wollen wir ein bisschen durch den Park laufen und dabei darüber sprechen?"

Quinn zögerte, dann gab er sich jedoch einen Ruck. Ein bisschen frische Luft und Bewegung würden ihm sicher guttun.

Ein schwieriges Thema

Nachdem sie ein paar Minuten gelaufen waren, nahm Matteo den Gesprächsfaden auf: „Du, ich kann absolut verstehen, dass es dir gerade richtig mies geht. Wir können auch einfach nur ein bisschen laufen und schweigen."

Doch Quinn winkte ab: „Nee, danke, ich will lieber wissen, was du zu meiner Frage zu sagen hast. Das beschäftigt mich gerade ziemlich."

„Okay!", entgegnete Matteo. „Also, wie gesagt, die Frage nach Gott und dem Leid ist richtig schwierig. Viele schlaue Menschen und viele Theologen haben sich schon Gedanken darüber gemacht. Und es ist wirklich nicht so einfach, überhaupt eine gute Antwort zu finden ... Ein Ansatzpunkt ist der, dass Gott uns Menschen nicht als Marionetten geschaffen hat, sondern mit einem freien Willen. Wir werden nicht von Gott gesteuert – so war es nie gedacht. Ob das mit Adam und Eva nun wortwörtlich gemeint ist oder eher nur symbolisch – anhand dieser Geschichte wird deutlich: Jeder Mensch hat einen eigenen Willen. Jeder darf selbst entscheiden. Gott sagt uns Menschen, was gut und schlecht ist – aber die Entscheidung, ob wir uns daran halten, dürfen wir selbst treffen ..."

„Ja, okay, das ist ja auch alles gut und schön", antwortete Quinn. „Aber wer hat jetzt bei dieser Sache mit der Pleite der Firma eine schlechte Entscheidung getroffen, dass alles so kommen musste? So einfach ist das alles nicht ..." Quinn schniefte. „Und überhaupt, es passiert einfach so viel Schlimmes auf dieser Welt ... das kann Gott doch nicht gut finden, oder?"

Matteo schüttelte den Kopf: „Auf gar keinen Fall. In der Bibel, im 34. Psalm, steht zum Beispiel, dass Gott denen nahe ist, die ein zerbrochenes Herz haben. Und im Neuen Testament (→ Matthäus 9,36) kann man lesen, dass es Jesus in der Seele wehtat, als er die vielen kranken, leidenden und erschöpften Menschen sah. Das sind so Beispiele, an denen man sieht, dass Gott mit denen, die leiden, absolut mitfühlt. Und nicht zuletzt ist Gott ja durch Jesus selbst Mensch geworden, wurde verraten, gefoltert und ans Kreuz geschlagen ... Das heißt, er weiß selbst genau, was es heißt, zu leiden."

„Da ist was dran", meinte Quinn, „aber kann er denn nicht trotzdem irgendwas tun gegen all das Leid?"

„Na ja, da kommt dann eben auch der freie Wille des Menschen ins Spiel", entgegnete Matteo. „Ein ganz großer Teil der Probleme in dieser Welt ist ja von Menschen gemacht: Ungerechtigkeit, Gewalt, Mobbing, Betrug, auch viele gesundheitliche Probleme ... Viele Menschen bemängeln auch, dass so viele Kriege im Namen des Glaubens geführt wurden und auch innerhalb der Kirche so viel Schlimmes passiert. Und das ist absolut tragisch, denn Christen sind ja quasi Gottes Bodenpersonal und sollten sich besser verhalten! Aber auch Christen sind fehlbare Menschen und werden immer wieder fehlgeleitet von Egoismus, Neid oder Rachegedanken. Und manche einflussreiche Leute in Politik und Wirtschaft missbrauchen Gott als Grund für ihre Gier nach mehr. Das alles ist handgemacht, von uns Menschen, und nicht von Gott.

Wenn Gott all das verhindern wollte, müsste er uns Menschen ja theoretisch von ganz vielem abhalten. Er müsste Pläne ganz direkt verhindern, ganz konkret eingreifen. Aber so hätten wir keinen freien Willen mehr. Dann wären wir alle im Grunde von Gott mehr oder weniger ferngesteuerte Wesen."

Quinn nickte zögerlich. „Ja, verstehe. Frei entscheiden möchte ich natürlich schon. Aber müsste Gott nicht doch irgendwelche Möglichkeiten haben, etwas zu tun? Ich dachte immer, Gott ist allmächtig. Da muss ihm doch irgendwas einfallen!"

Ist Gott allmächtig – oder nicht?

„Die Sache mit der Allmacht Gottes ist auch so etwas, über das sich nicht alle ganz einig sind", wandte Matteo ein. „Im Grunde gibt es im Hebräischen, also der Sprache des Alten Testaments, das Wort „allmächtig" gar nicht. Es wurde teils so übersetzt, aber die eigentliche Übersetzung wäre eher so etwas wie „höchster Gott" (auf hebräisch: *el eljon*) oder auch „Allherrscher", also „Herrscher des Alls". Aber ob das wirklich bedeutet, dass er überall auf dieser Welt alles tun kann?"

„Na ja, Herrscher klingt schon so", fand Quinn. „Andererseits kann natürlich auch ein König nicht immer alles in seinem Land durchsetzen. Da gibt es auch Rebellen, die ihr eigenes Ding machen oder Gegner, die bestimmte Pläne durchkreuzen."

„Stimmt", bestätigte Matteo. „Die Bibel macht schon deutlich, dass Gott sehr, sehr mächtig ist. Und stellt auch klar, dass er am Ende der Zeit, wenn Jesus wiederkommt, die ganze Welt regieren und alles Leid für immer beenden wird. Es wird also definitiv einen Zeitpunkt geben, an dem Gott alles bestimmen kann. Aber dann wird es eben auch so sein, dass alle mit ihm versöhnt leben – das heißt, die Menschen richten sich nach dem, was gut ist, weil sie erkennen, dass es so allen am besten geht."

Quinn seufzte. „Ja, das ist echt ein toller Gedanke … dass alles Leid einmal endgültig verschwindet. Das wäre echt schön …"

LESETIPP

Lies mal im letzten Buch der Bibel, in der Offenbarung, das Kapitel 21 über die Verheißung eines neuen Himmels und einer neuen Erde, vor allem die Verse 4–7.

Matteo nickte. „Ja, ich glaube definitiv, dass es einmal so sein wird. Aber in dieser Welt, in der wir hier und jetzt leben, ist es leider noch nicht so. Es gibt übrigens im Neuen Testament einen Bericht, da konnte Jesus keinen einzigen Menschen heilen, weil ihm die Leute in der Stadt, in der er grad war, zu wenig vertrauten."

„Ach, krass!", meinte Quinn, „das habe ich noch nie gehört. Also, das könnte ja vielleicht wirklich bedeuten, dass zumindest in dieser Welt nicht alles nach Gottes Willen läuft. Weil quasi die böse Macht noch zu stark ist." Er kicherte: „Klingt ein wenig nach Star Wars, so mit guter und dunkler Macht …"

Matteo schmunzelte: „Stimmt, gar nicht so verkehrt, der Gedanke! Es gibt da so eine Bibelstelle, an die mich das erinnert, warte, ich google das mal … Ah ja, da ist sie, das steht im Brief des Apostels Paulus an die Gemeinde in Ephesus:

DENN WIR KÄMPFEN NICHT GEGEN MENSCHEN, SONDERN GEGEN MÄCHTE UND GEWALTEN DES BÖSEN, DIE ÜBER DIESE GOTTLOSE WELT HERRSCHEN UND IM UNSICHTBAREN IHR UNHEILVOLLES WESEN TREIBEN.

Epheser 6,12; Hfa

Letztlich ist aber völlig klar, dass Gott – und damit die gute Macht – den Sieg erringt, ja, im Grunde schon errungen hat! Denn Jesus hat mit seiner Auferstehung die Macht des Todes – man könnte auch sagen, die dunkle Macht – endgültig besiegt. Aber noch leben wir in einer Zeit, in der Gottes Herrschaft noch nicht hundertprozentig durchgebrochen ist. Noch leben wir in einer Zeit, in der es das Dunkle, die Schwierigkeiten, Konflikte und Kriege gibt. Noch hat Gott nicht alles Böse seiner Macht unterworfen, sondern hat seine gute Macht sozusagen freiwillig begrenzt. Auch das könnte etwas mit unserem freien Willen zu tun haben. Aber so ganz kann ich das ehrlich gesagt auch nicht erklären. Wir müssen uns wohl, zumindest in diesem Leben, damit anfreunden, dass wir Menschen zwar beeindruckend viel, aber doch nicht alles verstehen."

Gibt es den Teufel wirklich?

„Hm, irgendwie ganz schön schwieriger Stoff", meinte Quinn. „Und die dunkle Macht, ist das dann der

Teufel? So mit Dreizack und Hörnern und so? Aber das ist doch eher Fantasie- und Märchenzeugs, oder?"

„Also, ob es wirklich eine konkrete Person gibt, die das Böse verkörpert, und wie sie aussieht, das weiß ich nicht", sagte Matteo. „Aber dass es so etwas wie böse Mächte gibt, also richtig Böses in der Welt, das uns Menschen dazu bringt, anderen zu schaden, davon spricht die Bibel ganz klar, an mehreren Stellen."

„Also gibt es vielleicht so etwas wie ein gutes und ein böses Prinzip? So Grundhaltungen und Absichten, die auf Gutes oder Böses zielen?", überlegte Quinn.

Matteo zuckte mit den Schultern: „Vielleicht kann man es auch so bezeichnen. Ganz ehrlich, ich weiß nicht, wie ich mir das genau vorstellen kann. Aber ganz klar ist: Es gibt das Böse in dieser Welt."

Quinn nickte: „Absolut." Er überlegte weiter und fragte dann: „Wenn man davon ausgeht, dass es so eine Art böse Macht gibt ... ist die dann quasi durch die Sünde entstanden? Adam und Eva meine ich, mit der verbotenen Frucht und so?"

„Richtig, so verstehe ich die Bibel auch", sagte Matteo. „Ob es nun wirklich um eine Frucht ging oder wie diese Stelle wirklich zu verstehen ist, weiß ich nicht. Aber was die Geschichte über den Sündenfall vermitteln will, ist Folgendes: Dadurch, dass die Menschen sich bewusst von Gott abgewandt und ihm nicht mehr vertraut haben, kam das Böse in ihr Leben. Die Geschichte von Adam und Eva macht das sehr schön deutlich: Adam und Eva haben Gott nicht vertraut, dass er sie mit allem Guten versorgt. Sie wollten unbedingt die eine verbotene Frucht essen, weil sie dachten, Gott enthält ihnen damit was Tolles vor. Und durch diese Entscheidung entstand eine Art Trennung von Gott. In der Geschichte wird das so dargestellt, dass sie deshalb den Garten Eden verlassen mussten. Aber, was ich immer wieder beeindruckend finde: Gott hat sie auch nach diesem Bruch nicht allein gelassen. Er hat ihnen Kleider gemacht für die Welt außerhalb des Gartens. Und er war auch danach weiter für sie und ihre Nachkommen da und ist ihnen begegnet, zum Beispiel in Träumen."

Wenn die Antwort nach dem „Warum?" ausbleibt

„Hm", murmelte Quinn, „wenn es so eine böse Macht gibt, wäre das zumindest auch eine Erklärung für das Leid, das nicht von Menschen verursacht wurde. Also Erdbeben, Hurricans und so etwas."

„Da ist was dran", nickte Matteo, „aber letztlich gibt es meiner Meinung nach noch keine komplett befriedigende Antwort. Weißt du, es gibt da in der Bibel einen Mann namens Hiob. Dem ist unfassbar viel Schlimmes passiert – seine Kinder kamen ums Leben, er verlor all seinen Besitz und wurde dann auch noch krank."

„Alter! Das ist echt so einiges", bemerkte Quinn mitfühlend.

„Ja. Hiob war immer gläubig gewesen, aber nachdem all das Schlimme in seinem Leben passiert war, begann er zu zweifeln. Er klagte Gott sogar an und war richtig wütend auf ihn. Ihm war völlig unbegreiflich, warum ihm so viel Leid passieren musste. Seine Freunde wollten ihn trösten und versuchten, irgendwelche Erklärungen zu finden, warum Hiob das passiert war. Sie nahmen Gott in Schutz. Aber weißt du was? Irgendwann hat Gott sie unterbrochen. Er hat Hiob zwar keine direkte Antwort gegeben, aber ihm erklärt, wie unfassbar groß und mächtig er im Gegensatz zu uns Menschen ist. Obwohl Hiob keine wirkliche Antwort auf seine Frage nach dem Warum bekam, hat ihm diese Begegnung mit Gott gereicht, um wieder neuen Mut zu fassen. Hiob konnte auf einmal akzeptieren, dass unser menschliches Verstehen begrenzt ist und dass Gott weit über uns und unserem Verstand steht. Diese Bereitschaft Hiobs führte dazu, dass Gott ihm, wie es am Ende heißt, doppelt so viel zurückgab, wie er verloren hatte." Matteo schwieg einen Moment und sagte dann: „Manchmal brauchen wir keine direkte Antwort, sondern die Begegnung mit Gott selbst reicht, um mit der Frage umgehen zu können."

Quinn runzelte die Stirn: „Du meinst, wir brauchen nicht auf alles eine Antwort? Oder was willst du damit sagen?"

Matteo schwieg wieder, diesmal etwas länger, und wirkte nachdenklich: „Zumindest nicht in diesem

Leben. Es gibt vieles, was wir Menschen nicht oder nicht vollständig verstehen. Und wenn wir ein zufriedenes Leben führen möchten, dann müssen wir das ein Stück weit akzeptieren. Es wird immer offene Fragen geben, zumindest im Leben hier auf der Erde. Jesus selbst hat gesagt, dass er wiederkommen und alles neu und gut machen wird. Hier ...", Matteo öffnete die Bibel-App auf seinem Handy, „eine Stelle aus dem Johannesevangelium, die ich sehr schön finde:

AUCH IHR SEID JETZT SEHR TRAURIG, ABER ICH WERDE EUCH WIEDERSEHEN. DANN WERDET IHR FROH UND GLÜCKLICH SEIN, UND DIESE FREUDE KANN EUCH NIEMAND MEHR NEHMEN. AM TAG UNSERES WIEDERSEHENS WERDEN ALL EURE FRAGEN BEANTWORTET SEIN.

Johannes 16,22–23; Hfa

Es gibt noch zwei weitere sehr schöne Bibelstellen, die mir in Bezug auf dieses Thema wichtig geworden sind. Die eine steht im letzten Buch der Bibel, in der Offenbarung. Dort heißt es über die neue Welt, die Gott erschaffen wird:

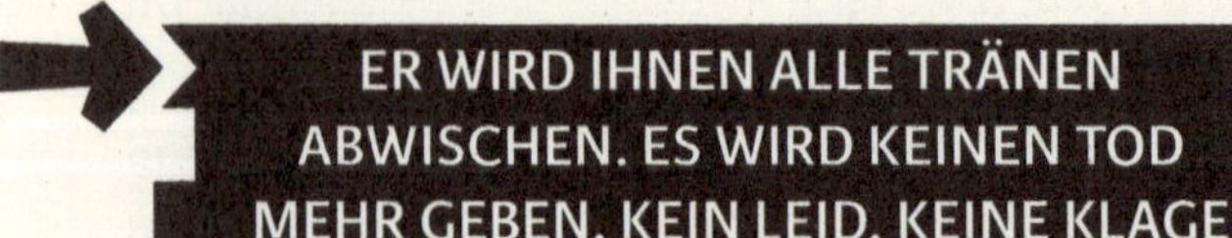

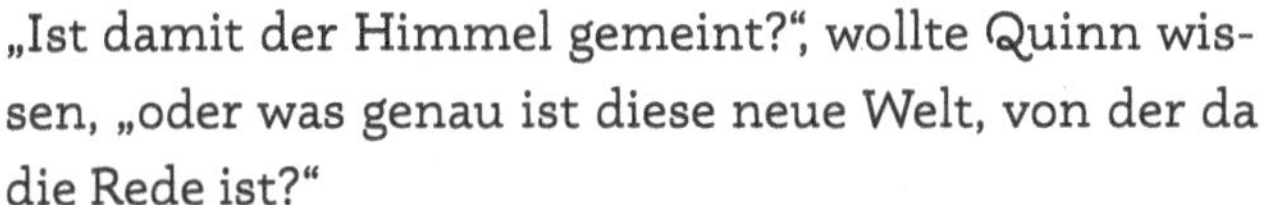

UND KEINE SCHMERZEN; DENN WAS EINMAL WAR, IST FÜR IMMER VORBEI.

Offenbarung 21,4; Hfa

„Ist damit der Himmel gemeint?", wollte Quinn wissen, „oder was genau ist diese neue Welt, von der da die Rede ist?"

Eine Hoffnung, die mehr ist als billiger Trost

„So, wie ich die Bibel verstehe, wartet auf jeden Menschen direkt nach seinem Tod das ewige Leben. Jeder Mensch wird Gott nach seinem Tod begegnen, und Gott wird fair entscheiden, wie es danach weitergeht. Wie gesagt, meine Hoffnung ist, dass auf die eine oder andere Weise jeder letztlich den Weg zum Himmel, also zum ewigen Leben bei Gott, findet. Aber ganz sicher sagt die Bibel, dass jeder, der das Rettungsangebot von Jesus annimmt, sicher in den Himmel kommt. Und dann ist in der Offenbarung – etwas schwer verständlich – die Rede davon, dass Jesus einmal wiederkommt und der Himmel auf die Erde herabkommt. Das alles sind aber nur Andeutungen – Gott hat uns da leider keinen klaren Masterplan hinterlassen." Matteo hob die Hände und ließ sie wieder fallen. „Und ich würde sagen, jeder ehrliche Christ muss zugeben, dass er das alles höchstens erahnen kann. Keiner von uns noch Lebenden kann sagen, wie das genau sein wird. Die Bibel ist eben kein Faktenbericht, sondern an vielen Stellen sehr geheimnisvoll. Aber ganz offensichtlich wird es einmal zu einer Verbindung zwischen Himmel und Erde kommen, und Gott wird über alles herrschen – und dafür sorgen, dass es kein Leid und keinen Tod mehr geben wird. Diese neue Welt wird in der Bibel auch verglichen mit einem großen Fest, und ich persönlich glaube, dass jeder dort seinen Fähigkeiten entsprechend leben und alles mitgestalten kann."

„Das klingt schwer vorstellbar, aber ziemlich gut", fand Quinn. „Und was ist die zweite Bibelstelle, die dir so gut gefällt zu diesem Thema?"

„Ach ja", sagte Matteo, „die steht im Johannesevangelium:

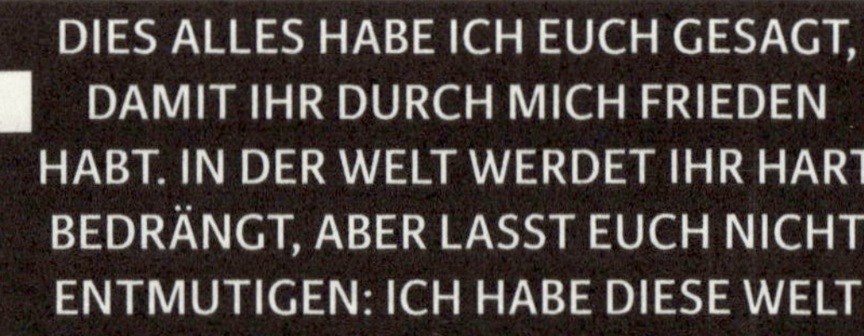

DIES ALLES HABE ICH EUCH GESAGT, DAMIT IHR DURCH MICH FRIEDEN HABT. IN DER WELT WERDET IHR HART BEDRÄNGT, ABER LASST EUCH NICHT ENTMUTIGEN: ICH HABE DIESE WELT BESIEGT.

Johannes 16, 33; Hfa

Wir werden bedrängt – das steht für all das Schwierige in unserem Leben. Die Probleme, die Enttäuschungen, die Traurigkeit, die Wut, die Angst ... und Jesus weiß, dass wir all das erleben. Aber er kann es uns in diesem Leben hier nicht vollständig nehmen, weil diese Welt durchdrungen ist von Ungerechtigkeit,

Egoismus und Streit. Er gibt uns jedoch die Zuversicht, dass er, wenn er wiederkommt, all dieses Böse besiegen wird. Durch seine Auferstehung hat Jesus im Grunde bereits das Böse in unserer Welt besiegt. Er hat die Macht des Todes zerbrochen. Aber noch gibt es diese Zwischenzeit, in der die Menschen frei entscheiden dürfen und müssen, ob sie nach Gott fragen und auf ihr Gewissen hören wollen – oder ob sie nur ihren eigenen Vorteil suchen wollen und damit anderen schaden. Genau deshalb gibt es noch so viel Ungerechtigkeit. In diesem Leben gilt: Gott befreit uns nicht von Leid, aber er hilft uns hindurch. Er nimmt uns nicht alle Lasten, aber er stärkt unsere Schultern, um die Lasten tragen zu können."

„Jetzt hörst du dich beinahe an wie ein Prediger!", grinste Quinn, „aber klingt nicht schlecht, Pater Matteo!"

Matteo lachte schallend und klopfte Quinn freundschaftlich auf die Schulter. „Kann sein. Aber ich habe genau das halt schon oft erlebt. Auch ich hatte bereits einige schwere Zeiten – und leider gehören die zum Leben dazu. Es gibt immer wieder dieses Auf und Ab, gute und schlechte Zeiten, und manchmal dauern die schlechten ganz schön lange an. Dann ist es wichtig, trotzdem den Blick auf das, was gut ist, zu behalten. Auch wenn es nur Kleinigkeiten sind. Und zu wissen, wo man Kraft bekommt, um durchzuhalten. Ich denke da oft an das Lied von den Toten Hosen: ‚Steh auf, wenn du am Boden bist'. Dabei ist Gott mir die größte Hilfe, das merke ich immer wieder. Bei Gott können wir Kraft finden, um nicht aufzugeben, aber auch dafür, uns Hilfe zu holen – bei konkreten Menschen oder anderen hilfreichen Anlaufpunkten. Er hat uns ja auch unseren Verstand geschenkt, um selbst zu überlegen, was wir tun oder wen wir um Unterstützung bitten könnten.

„Also im Sinne von Hilfe zur Selbsthilfe?", fragte Quinn. „Mein Uropa meinte immer: ‚Hilf dir selbst, dann hilft dir Gott!'"

Matteo überlegte kurz und sagte dann: „Ich glaube, der Spruch greift etwas zu kurz. Gott ermutigt uns schon, uns ganz direkt an ihn zu wenden. Wir kriegen nicht alles allein hin, dafür sind wir gar nicht gemacht. Aber ein bisschen was ist an dem Satz dran: Gott stärkt uns die Schultern und er schickt uns auch Hilfe durch Menschen oder bestimmte Situationen. Ein kluger Mensch hat das mal ganz gut auf den Punkt gebracht, wie ich finde:

BETE, ALS HINGE ALLES VON GOTT AB.
HANDLE, ALS HINGE ALLES VON DIR AB.

Ignatius von Loyola

„Also immer beten und gleichzeitig selbst aktiv werden?", gab Quinn zurück.

Matteo nickte. „Meistens ist das der beste Weg. Es gibt auch Situationen, da sind uns die Hände gebunden, da können wir nur beten. Aber oft geht beides und dann ist auch beides wichtig. Ich denke da gerade an diesen Moritz, der dich so fertigmacht. Wenn du magst, dann bete ich für dich. Für diese Sache und auch für die Geldprobleme deiner Eltern."

Wie man Riesen besiegt

Matteo setzte sich auf die Bank, die vor ihnen am Wegesrand stand. „Wenn du möchtest, dann mache ich das jetzt direkt."

Quinn zögerte: „Ich ... weiß nicht. Ich glaube ja eigentlich gar nicht an Gott beziehungsweise bin mir nicht sicher ..."

„Das macht gar nichts", beruhigte ihn sein Onkel, „Gott hört die Gebete aller Menschen. Egal, ob du glaubst oder zweifelst. Du musst auch nichts machen, ich kann beten. Aber wie gesagt: Nur, wenn du willst."

„Okay." Quinn gab sich einen Ruck. „Ich schätze mal, es kann nicht schaden." Etwas nervös setzte er sich neben seinen Onkel und sah konzentriert zu Boden.

Sein Onkel begann leise zu reden: „Guter Gott, du siehst die Schwierigkeiten, die Quinn gerade belasten. Du kennst und liebst ihn. Bitte hilf ihm in dieser Zeit. Gib ihm Mut und Kraft und gute Ideen, wie er damit umgehen kann – mit den Schikanen von Moritz und auch mit den Geldproblemen. Hilf seinen Eltern, gute Entscheidungen zu treffen und führe die Familie einen guten Weg. Danke, dass du bei ihnen bist. Lass sie das erleben und bei dir Hoffnung finden! Amen."

Quinn atmete erleichtert auf. Das war gar nicht so seltsam gewesen, wie er erwartet hatte. Dann dachte er kurz nach: „Also, wenn du sagst, beten und handeln ist beides wichtig, wäre ja eigentlich auch die Frage, ob ich selbst irgendetwas tun kann, damit es besser wird. Aber ich weiß einfach absolut nicht, was."

„Ich habe auch schon über diese Frage nachgedacht", sagte Matteo. „Beim Thema Geld und Haus kannst du wohl gerade nicht viel tun, fürchte ich. Aber was das Mobbing angeht ... Ich glaube, es ist total wichtig, dass du aus der Opferrolle rauskommst. Dass du Moritz Grenzen aufzeigst, indem du dir Hilfe holst, sodass es für Moritz unbequem wird."

„Du meinst Schulsozialarbeiter, Lehrer oder so ansprechen? Dann gelte ich doch als Petze und es wird womöglich alles noch viel schlimmer!", meinte Quinn.

„Mag sein", gab Matteo zu, „Petze ist ja ein beliebter Begriff, den Täter gern benutzen, um ihr Opfer kleinzumachen. Aber wer ein bisschen nachdenkt, weiß: Petzen bedeutet eigentlich, dass man jemanden wegen Kleinigkeiten, Nichtigkeiten anschwärzt. Wenn aber einer ernsthaft anderen schadet – und das tut Moritz – dann hat das mit Petzen nichts zu tun. Klar, er wird es trotzdem höchstwahrscheinlich sagen, um dich schlechtzumachen. Das musst du dann leider hinnehmen, aber trotzdem wird durch deinen

Schritt etwas in Gang kommen. Es wird vermutlich Gespräche geben, die für Moritz unangenehm sein werden. Und da ist das Ziel, denke ich – dass für ihn die Nachteile, dich zu provozieren, größer sind als der Spaß, den er daran hat. Es muss unangenehm für ihn werden! Und er muss merken: Du lässt dir nicht alles gefallen. Du wehrst dich, du holst dir Unterstützung, weil du sein Verhalten nicht einfach akzeptierst."

Bei dem Gedanken, Moritz auf diese Weise mit seinem Verhalten zu konfrontieren, wurde Quinn ganz kalt und heiß. Er gab es ungern zu, aber er hatte Angst vor Moritz. Einfach deshalb, weil der Typ in der Schule so wahnsinnig viel Macht hatte. „Aber ... aber ..." Quinn versuchte, Matteo diese Angst zu erklären, hatte jedoch das Gefühl, nur Gestotter herauszubekommen ...

Doch Matteo schien zu verstehen, was er meinte. „Das kann ich vollkommen nachvollziehen, Quinn! Nur: Gerade deswegen halte ich es für nötig, diese Macht zu brechen. Das kannst du nicht allein, eben weil Moritz so anerkannt ist in deiner Schule. Aber auch wenn die anderen vielleicht scheinbar erst einmal zu Moritz halten werden, werden ganz bestimmt auch viele es mutig finden, dass du aktiv wirst. Die Frage ist momentan: Was ist das geringere Übel? Oder – was ist schlimmer? Wenn du Moritz weitermachen lässt und nichts unternimmst, dann beweist du ihm immer mehr und mehr, dass du ein wehrloses Opfer bist und er alles mit dir machen kann.

Wo ist die Grenze erreicht? Ich sage: Erst da, wo *du* Grenzen setzt. Und dazu brauchst du Unterstützung, um das Machtgefälle zu beenden."

Quinn schluckte und versuchte, dem Gedanken eine Chance zu geben: „Tja, da ist wohl was dran. Vielleicht könnte ich wirklich mal mit Herrn Rüter, dem Sozialarbeiter, sprechen. Und schauen, was er so für Ideen hat ..."

Auf den Punkt

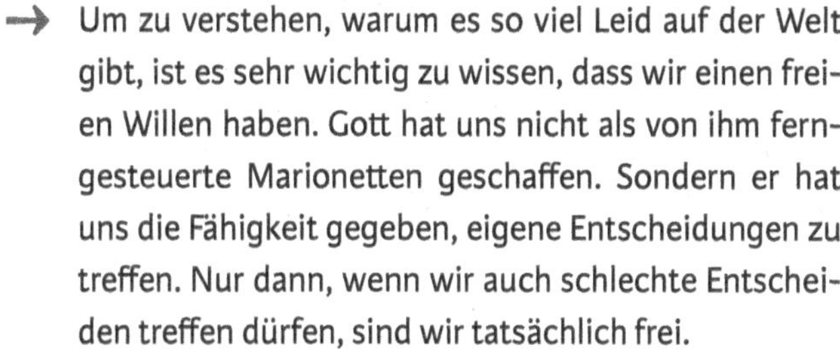

→ Um zu verstehen, warum es so viel Leid auf der Welt gibt, ist es sehr wichtig zu wissen, dass wir einen freien Willen haben. Gott hat uns nicht als von ihm ferngesteuerte Marionetten geschaffen. Sondern er hat uns die Fähigkeit gegeben, eigene Entscheidungen zu treffen. Nur dann, wenn wir auch schlechte Entscheiden treffen dürfen, sind wir tatsächlich frei.

→ Ob der Teufel nun Hörner hat oder nicht – das wissen wir nicht. Aber die Bibel spricht deutlich von bösen Mächten. Diese Neigung zum Bösen zeigt sich in menschlichen Verhaltensweisen wie Egoismus, Ungerechtigkeit, Gewalt usw.

→ Jesus hat gesagt, dass er einmal wiederkommen und dann tatsächlich alles Böse besiegen und damit alles Leid beenden wird.

→ Unser Verstand ist genial, aber dennoch begrenzt. Es gehört zur menschlichen Klugheit dazu, einzusehen, dass wir (zumindest noch) nicht alle Fragen beantworten können. Manchmal sind Begegnungen und Erfahrungen viel wichtiger und kraftvoller als konkrete Antworten.

→ Beten und Handeln gehört zusammen. Gott bewahrt uns nicht vor Leid, aber er steht immer bereit, um uns zu stärken und zu trösten. Er will uns auch Kraft und Mut geben, selbst aktiv zu werden.

Der Sprung ins kalte Wasser

In dieser Nacht fand Quinn kaum Schlaf. Seine Gedanken rasten; es gab so vieles, das ihn beschäftigte. Nachdem er zwei Stunden erfolglos versuchte hatte, zur Ruhe zu kommen, griff er genervt zu seinem Handy, um noch etwas zu lesen. Sein Vater erinnerte ihn zwar regelmäßig daran, dass Bildschirme es einem noch schwerer machen einzuschlafen, doch jetzt fand Quinn, musste er eine Ausnahme machen. Sicherheitshalber stellte er noch den Nachtmodus ein.

Das Gespräch mit Pia

Ohne zu wissen, warum, rief Quinn in seiner App Pia auf und sah zu seiner Verwunderung, dass sie auch noch online war. Spontan und ohne nachzudenken schrieb er sie an: „Na, auch noch wach?" Quinn staunte über seinen Mut, doch eigentlich war ja auch nichts dabei, sich einfach mal zu melden.

Pia antwortete sofort: „Ach, genau an dich habe ich gerade gedacht!"

Quinns Herz machte einen Sprung. „Wieso denn das?", tippte er schnell.

„Das würde ich dir am liebsten persönlich oder wenigstens am Handy sagen. Kann ich dich eben anrufen?"

Nun raste Quinns Herz förmlich, aber er antwortete betont lässig: „Klar, kein Problem."

Es fühlte sich seltsam an, Pias Stimme zu hören. Erstaunlicherweise auf eine schöne Art seltsam, obwohl er eigentlich ziemlich enttäuscht von ihr war. Dieses Wirrwarr von Gefühlen sorgte für eine totale Anspannung in Quinns Körper, aber glücklicherweise musste er erst einmal nicht viel sagen, denn Pia redete wie ein Wasserfall:

„Du, also ... es tut mir einfach mega leid, dass ich Moritz gesagt habe, dass du ... na ja, dass du mich eingeladen hast ... und dass ich dann auch noch mitgelacht habe bei seinem dummen Spruch im Klassenchat. Ich weiß manchmal echt nicht, was mit mir los ist ... weil ich eigentlich gar nicht so sein will. Echt nicht! Es ist nur dieser dumme Wunsch, dazuzugehören, Teil der angesagten Gruppe zu sein und so. Aber ganz ehrlich: Ich will nicht mehr so eine Mitläuferin sein. Ich war neulich richtig deprimiert, weil einfach so viel schlecht läuft auf dieser Welt ... und es so viele Gemeinheiten gibt unter uns Menschen. Und ich habe da was von Gandhi gelesen, über sein Leben, total beeindruckend. Jedenfalls soll er mal gesagt haben:

SEI DU SELBST DIE VERÄNDERUNG, DIE DU DIR WÜNSCHST FÜR DIESE WELT.

Mahatma Gandhi

Und als ich das gelesen habe, da dachte ich: Wie dumm kann man eigentlich sein! Sich einerseits aufregen über diese böse Welt – und andererseits selbst mitmachen, wenn jemand runtergemacht wird? Nur, um selbst möglichst gut dazustehen und zu den Coolen zu gehören ... Ich habe mich so mies gefühlt. Entschuldige bitte, echt! Eigentlich bin das nicht ich. Na ja, ich weiß auch nicht, ob ich mutig genug bin, um so richtig was gegen Moritz zu sagen. Aber definitiv werde ich nicht mehr mitmachen bei seinem Mist. Versprochen!"

„Hhmm", machte Quinn und versuchte, lautlos ganz tief durchzuatmen.

„Weißt du, Moritz hat ja selbst ziemliche Probleme", sprach Pia weiter. „Gestern habe ich ihn auf einer Party getroffen und er war total mies drauf. Alle anderen Jungs waren schon weg, und da ist er mal richtig gesprächig und ehrlich geworden und hat mir erzählt, dass seine Mutter sich um nichts kümmert und nur ihren Job im Kopf hat. Und sein Vater ist wohl Alkoholiker und macht ihn ständig fertig." Das klang alles richtig schlimm!

Quinn schluckte. Dass es Moritz derzeit so übel erging, hätte er nie gedacht. Das erklärte zumindest, warum Moritz so viel Wut in sich hatte. Und Quinn war offenbar leider derjenige, an dem er diese Wut ausließ ...

„Und er hat mir auch erzählt, dass du irgendetwas hättest machen können, um dich zu rächen, aber es nicht getan hast ... Keine Ahnung, er wollte nicht sagen, was, aber das hat ihn wohl ziemlich beeindruckt. Und mich übrigens auch! Ich finde es mega gut, dass du so anders bist, dass du einfach cool bleibst und nicht mitmachst bei diesem dummen, kindlichen Quatsch. Ich glaube, ich habe dich echt falsch eingeschätzt ... und vielleicht können wir ja doch demnächst mal ins Kino gehen oder so, da kommt so eine Komödie ... also, einfach freundschaftlich was zusammen machen, wenn du Lust hast ...“

„Klar!“, entgegnete Quinn sofort und musste dennoch Pias Wortschwall erst einmal verdauen. Er wechselte das Thema, und beide unterhielten sich noch über ihre Ferienerlebnisse. Als Quinn von seinem Onkel erzählte, lachte Pia: „Das ist ja echt witzig, dass er Christ ist und ihr so viel darüber sprecht! Meine Eltern sind nämlich auch sehr gläubig und ich gehe auch immer mit ihnen zum Gottesdienst. Eigentlich ist mir Gott auch total wichtig, aber irgendwie bin ich in letzter Zeit etwas unsicher geworden, was den Glauben angeht und habe da so einige Zweifel bekommen. Vielleicht können wir uns demnächst ja mal darüber unterhalten!“

Quinn staunte. Wie cool, dass Pia sich auch gerade mit diesen Fragen beschäftigte! „Auf jeden Fall!“, entgegnete er erfreut. „Wie wäre es nächste Woche Donnerstag? Da bin ich wieder zurück."

„Gern, abgemacht!", antwortete Pia. „Bis demnächst. Mach's gut, Quinn!"

Nach diesem Telefonat konnte Quinn erst recht nicht mehr einschlafen und so war er am nächsten Tag ziemlich gerädert – aber gleichzeitig schon viel besser gelaunt als am Tag zuvor. Die Aussicht, dass da endlich jemand in seiner Klasse war, der ihn mochte – und ausgerechnet Pia! – brachte ein wenig Licht in sein aktuelles Chaos.

Die Einladung

„Quinn, hast du Lust, mitzukommen zu Joe, einem guten Freund von mir?", fragte Matteo am nächsten Morgen am Frühstückstisch. „Er hat uns spontan zu einem Garten-Gottesdienst mit Grillfest eingeladen!"

„Garten-Gottesdienst, was ist das denn?", murmelte Quinn mit vollem Mund. Es klang etwas skeptisch.

„Unsere Kirche macht gerade jetzt in den Ferien gerade eine Pause mit großen Gottesdiensten", erklärte Matteo, „und die Ansage war: Wer Lust hat, lädt einfach Leute zu sich nach Hause ein. Ich denke, Joe wird Musik machen, und vielleicht predigt Anna, seine Frau. Joe ist ein superguter Musiker. Er hat früher in einer Band gespielt, die in seiner Heimat Colorado gar nicht mal so unbekannt war. Die haben Tourneen gemacht und damals sogar von der Musik gelebt. Und er ist ein echt netter Kerl."

„Na gut", sagte Quinn, „warum eigentlich nicht? Hier fällt mir ja eh nur die Decke auf den Kopf, und ich glaube, das kann ich gerade echt nicht gebrauchen."

Eine verrückte Begegnung

Matteo hatte nicht zu viel versprochen: Joe war echt ein richtig sympathischer Typ. Seine Frau Anna ebenfalls, aber sie hielt sich etwas mehr im Hintergrund, wohingegen Joe direkt auf Quinn zuging und gleich mit ihm ins Gespräch kam. Allerdings auf eine höfliche, nette Art und Weise, sodass Quinn sich nicht bedrängt oder genervt fühlte. Im Gegenteil: Quinn merkte, dass er diesen Joe mochte – ein Typ mit halblangen, dunkelblonden Haaren, der zwischen Gitarre, Grill und Buffet herumturnte, von seinem Leben erzählte und offenbar auch an Quinn ehrlich interessiert war.

„Ich war früher ein ziemlicher Rebell", erklärte Joe lachend. „Es konnte mir nicht wild genug sein. Meine Mutter ist Deutsche, deshalb bin ich zweisprachig aufgewachsen und wir haben oft die Verwandten in Deutschland besucht."

„Und du kommst also aus Amerika?", hakte Quinn neugierig nach.

„Ja, ich bin in Colorado aufgewachsen." Joe nickte. „Und als wir dann regelmäßig zu Besuch in Deutschland waren, da war ich dann immer der coole Amerikaner. So habe ich mich auch selbst gesehen", gestand er. Und schon war Joe mittendrin, Quinn seine Lebensgeschichte zu erzählen ...

„Mir war es superwichtig, cool und beliebt zu sein, dafür habe ich alles gegeben. Unsere Band, die war super, aber ich habe mich überreden lassen, Drogen zu nehmen und wurde immer abhängiger davon. Außerdem wurde ich Mitglied einer ziemlich aggressiven Motorradgang. Meine Eltern haben sich damals ziemliche Sorgen gemacht, aber mir war das zu der Zeit egal. Sex, Drugs und Rock'n'Roll – auch wenn es klischeehaft klingt: Das war mein Leben. Aber je länger das so ging, desto leerer fühlte ich mich. Ich merkte: Beliebtsein, Anerkennung, Spaß, Feiern – all das bringt keine echte, bleibende Erfüllung. Es reichte nicht, da fehlte etwas."

„Und dann wurdest du zum Jesus-Freak?", fragte Quinn.

Joe lachte herzhaft: „Nah dran, mein Freund, ganz nah dran! Ich musste aber noch einige Kurven drehen, bis ich Jesus wirklich kennengelernt habe. Drogenentzug, Rückfälle, sogar Gefängnis wegen Körperverletzung bei einer Prügelei. Es waren einige ziemlich harte Jahre. Aber irgendwann, ja, da hat es *klick* gemacht. Ich hatte Besuch von einem Gefängnisseelsorger und wir sprachen über den Sinn des Lebens."

„Oh!", unterbrach Quinn ihn, „krass, deine Story!" Er musste erst einmal durchatmen, denn er hatte so interessiert zugehört, dass er unbemerkt die Luft angehalten hatte. „Und dann hast du dich mit diesem Thema beschäftigt ... Hammer. Also, ich fand die Sache mit dem Lebenssinn früher immer langweilig, aber jetzt frage ich mich doch manchmal, wozu wir eigentlich auf der Welt sind ..."

„Ja, diese Frage haben im Grunde so viele Menschen", bestätigte Joe. „Und es ist eine sehr gute Frage, Quinn! Und weißt du, was? In der Bibel steht drin, dass wir dazu geschaffen wurden, um in einer echten Beziehung zu Gott zu leben. Um seine Liebe zu empfangen und an andere weiterzugeben. Und dass wir unsere Fähigkeiten einsetzen sollen, um dazu beizutragen, diese Welt ein Stückchen besser zu machen. Gott hat jedem Menschen bestimmte Gaben gegeben – Stärken und Talente, die wir einsetzen können, um unseren Beitrag zu leisten."

„Ehrlich gesagt, ich habe keine Ahnung, was meine Stärken sind", gab Quinn zu, „so richtig gut bin ich in gar nichts, habe ich so das Gefühl."

Ermutigend klopfte Joe ihm auf die Schulter: „So ging es mir auch in deinem Alter, Junge! Das ist völlig normal. Klar, es gibt Leute, die entdecken ihre Talente schon sehr früh. Das ist cool, absolut. Aber mindestens genauso viele brauchen deutlich länger, bis sie merken, was sie richtig gut können. Gib dir Zeit! Probiere dich in Hobbys aus. Trau dich, einfach mal auszutesten, was dir liegen könnte. Und sei bereit, zu helfen, du kannst ja vielleicht auch mal ehrenamtlich irgendwo mitarbeiten ... Und schau mal, was du in der Schule vielleicht besser kannst als andere. Geh einfach mit offenen Augen durch dein Leben, sei bereit, dich einzubringen. Und dann wirst du nach und nach entdecken, was dein Ding ist! Garantiert!"

Glauben ist keine Trockenübung

Quinn war etwas sprachlos. Joes Begeisterung und Freude schien aus allen seinen Knopflöchern zu quellen. Er wirkte so lebendig. So ermutigend. Das tat ihm irgendwie gut. „Hier, komm, nimm dir noch was zu essen", bot Joe an. Er reichte Quinn einen Teller und schob ihm eine Bratwurst darauf. Und dann plauderte er begeistert weiter: „Aber weißt du, die wichtigste Erkenntnis in meinem Leben war: Der Sinn unseres Lebens ist mit Gott verbunden. Dieses tiefe Loch in mir, diese Leere in mir konnte nur durch meinen Schöpfer, meinen himmlischen Vater, gefüllt werden. Und ich dachte schließlich: *Was solls. Dieser Jesus, der ist schon irgendwie cool, und was habe ich zu verlieren, wenn ich mal seine Bekanntschaft mache*?"

Quinn grinste: „Das klingt so unkompliziert. Aber ich finde das ziemlich schwierig. Also, Matteo und ich, wir haben uns auch viel über den Glauben unterhalten in den letzten Tagen, und einiges hat mich echt beeindruckt und ins Nachdenken gebracht. Mir ist auf jeden Fall klar geworden, dass man nicht sein Hirn ausschalten muss, um zu glauben. Aber ob ich selbst diesen Schritt wagen kann ... ich weiß nicht. Ich habe immer noch so viele Zweifel!"

„Sehr gut!", lachte Joe. „Und all die Fragen werden uns Menschen wohl nie ausgehen, zumindest nicht in diesem Leben! Aber es gibt da diesen ganz entscheidenden Unterschied zwischen Wissen und Erfahrung. Das ist wie ... wenn man nur über Freundschaft oder über Liebe spricht und darüber forscht und nachdenkt und schreibt, aber es nie selbst erlebt. Man kann sehr viel theoretisch darüber philosophieren, aber die echte Erfahrung, die lässt sich dadurch nicht ersetzen! Am Ende musst du es einfach wagen, wenn du es wirklich erleben willst. Das ist wie beim Schwimmen."

Quinn musste schmunzeln, denn er erinnerte sich, dass auch Matteos Kollegin Nina den Glauben mit einem Sprung ins Wasser verglichen hatte.

„Du kannst dir noch so viel über die Technik durchlesen und Trockenübungen machen", fuhr Joe fort, „aber ob du schwimmen kannst, merkst du erst im Wasser. Du musst ja nicht gleich das tiefe Wasser nehmen. Nichtschwimmerbecken reicht für den Anfang völlig." Joe grinste.

Quinn sah ihn fragend an. Nichtschwimmerbecken? Joe klopfte ihm auf die Schulter: „Also, ich meine damit: Du brauchst keinen großen Glauben, um Jesus kennenzulernen! Stichwort Senfkorn und so."

Jetzt standen noch mehr Fragezeichen auf Quinns Stirn. Senfkorn? Wovon sprach der Typ?

Joe lachte, und sein Lachen wurde immer lauter, aber es war ein herzliches, sympathisches Lachen:

„Senfkörner sind doch so ganz mickrige, minikleine Körner. Kannste kaum sehen mit bloßem Auge. Wirklich winzig klein. Schau mal nach in deinem Gerät da!“ Joe zeigte auf Quinns Handy.

Quinn gab etwas verdattert „Senfkorn“ in die Suchmaschine ein und nickte dann, als mehrere Fotos aufpoppten: „Okay, wirklich ziemlich klein. Äh, und was hat das jetzt mit Jesus zu tun?“

Joe erklärte, nun wieder etwas ernster: „Jesus hat mal gesagt, dein Glaube darf ruhig so winzig sein wie so ein Senfkorn. Vielleicht hast du noch superviele Zweifel und nur einen ganz minimalen Glauben. Aber hey, Jesus hat gesagt, das reicht! Schon so ein Mini-Glaube ist genug, um Großes zu bewirken. Also, du brauchst keine absolute Gewissheit, um loszulegen. Du musst auch nichts zusagen bis ans Ende aller Tage. Du kannst einfach ein paar kleine Schritte wagen und Gott sagen: ‚Du, ich will dich gern kennenlernen. Bitte begegne mir. Komm in mein Leben.‘ Und dann schaust du, wie es weitergeht.“ Joe zwinkerte Quinn aufmunternd zu. Dann tätschelte er dessen Schulter und fügte an: „‘tschuldige, Quinn, aber ich bin jetzt gleich wieder im Einsatz … War schön, mit dir zu plaudern!“ Dann lief Joe schwungvoll in Richtung seiner Gitarre.

Quinn schaute nachdenklich auf seine Fußspitzen. Wieder mal ganz schön viel Input! Und Joe war echt irgendwie ein besonderer Typ. Quinn genoss den restlichen Nachmittag und spürte kaum noch seine Müdigkeit. Joe hatte es musikalisch echt drauf und Quinn hörte ihm und seiner Frau Anna gerne zu. Auch die anderen Leute, mit denen er noch ins Gespräch kam, waren echt nett. Und die Stimmung war einfach entspannt und gut. Das war eine ganz andere Art von Kirche als das, was Quinn sich immer darunter vorgestellt hatte!

Bereit für den Sprung ins Wasser

Die nächsten Tage vergingen wie im Flug, und Quinn war fast ein bisschen traurig, als er sich von Matteo verabschieden musste. Niemals hätte er gedacht, dass ihm sein Onkel so ans Herz wachsen würde!

Auch Matteo wirkte gerührt: „Das war eine tolle Zeit, mein Lieblingsneffe! Komm bald wieder und lass uns mal demnächst telefonieren!"

Quinn drückte Matteo fest an sich: „Ja, auf alle Fälle. Danke dir für alles!"

***

Mama fühlte sich dünn, fast zerbrechlich und verspannt an, als sie Quinn zur Begrüßung in den Arm nahm. Tränen standen in ihren blauen Augen und ihre ohnehin schon helle Haut wirkte noch blasser als sonst.

Auch Papa sah müde aus, aber er bemühte sich um ein Lächeln und klang zumindest etwas überzeugend, als er sagte: „Na komm, mein Junge! Wir reden nachher in Ruhe über alles. Mach dir keine Sorgen, wir finden schon einen Weg! Uns wirft so schnell nichts um, das weißt du doch!“

***

Als Quinn nach ein bisschen Smalltalk zwischen den Erwachsenen zu seinen Eltern ins Auto stieg, fühlte er eine Mischung aus freudiger Erwartung und großer Angst. Morgen würde er sich mit Pia treffen, und der Gedanke daran machte ihn glücklich und nervös zugleich. Aber überwiegend glücklich, ganz klar! Pia hatte Tickets für einen Film besorgt, der sich ziemlich lustig anhörte, und sie wollten davor noch ein Eis essen gehen und reden. Quinn war schon gespannt zu hören, welche Erfahrungen Pia mit dem Glauben gemacht hatte ...

Als er danach an die Schule dachte, spürte er förmlich die wachsende Anspannung in seinem ganzen Körper. Würde er den Mut haben, sich gegen Moritz zu wehren? War es wirklich eine gute Idee, den Schulsozialarbeiter ins Boot zu holen? Was, wenn Moritz ihn dann noch mehr anfeinden und die anderen ihn als Feigling bezeichnen würden? Doch andererseits: Welche Wahl hatte Quinn? Matteo hatte ja recht: Wenn er sich nicht wehrte, würde Moritz sich wahrscheinlich immer mehr rausnehmen. Es würde immer schlimmer werden und im Grunde war es schon jetzt nicht mehr hinnehmbar ... Quinn seufzte.

Und da war die dritte Baustelle: Es war Quinn bewusst, dass ernste Gespräche mit seinen Eltern und einschneidende Veränderungen bevorstanden. Sie würden reden müssen – über die Firma, die Zukunft, vor allem über den möglichen Umzug, der ihn am meisten belastete. Allerdings, etwas war anders als noch vor den Ferien: Inzwischen hatte Quinn die Hoffnung, nicht mehr allein zu sein mit diesem Wirrwarr aus Frust und Sorgen. An dem Abend nach dem Gespräch mit Joe hatte Quinn tatsächlich das erste Gebet seines Lebens gesprochen. Er hatte nicht viel gesagt, einfach nur das formuliert, was ihm durch den Kopf ging.

Quinn schaute aus dem Autofenster und dachte an das Neuen Testament in seinem Rucksack, das Joe ihm zum Abschied geschenkt hatte. Da würde er auf jeden Fall mal reinlesen. Beim ersten Blick in die Seiten schien ihm manches sperrig und schwer verständlich, aber einiges auch richtig interessant. Die Sache mit Gott und dem Glauben fühlte sich noch so neu und fremd an. Quinn fragte sich, ob er beim Beten vielleicht doch nur mit der Wand sprach ... Andererseits: Als er gestern Abend im Bett gebetet und dann einfach eine Weile still in sich hineingehört hatte, da hatte er sich auf einmal ein klein bisschen anders gefühlt. Da war so etwas wie ein vorsichtiger, ganz leiser Friede in ihm gewesen, eine Zuversicht, nicht allein zu sein. Das machte ihm Mut. Ja, er würde das Abenteuer Glauben weiterverfolgen.

Auch, weil er jetzt wusste, dass der Glaube mehr ist als der Verstand ... dass es mehr geben könnte als das, was er sehen, hören oder messen konnte. Er würde Gott eine Chance geben ... auch deshalb, weil er wusste, dass er weiterhin kritisch denken, zweifeln und Dinge hinterfragen durfte. Trotzdem stieg mehr und mehr eine leise Ahnung in ihm auf, dass er im Glauben vielleicht etwas finden könnte, das sein Leben immens bereichern und sogar richtig auf den Kopf stellen könnte ...

Nachwort

Hey, du!

Glückwunsch, dass du bis zum Schluss durchgehalten hast! Denn das, was ich so überlegt und mit Matteo besprochen habe, ist schon alles andere als leichte Kost.

Für mich hat in diesen Ferien etwas Neues begonnen. Ich stehe noch ganz am Anfang dieses Weges und bin gespannt, wohin er mich führt.

Die Sache mit Gott, die ist auf jeden Fall viel spannender, als ich je gedacht hätte, und ich werde definitiv dranbleiben! Diese Erfahrungen will ich mir nicht entgehen lassen – vor allem jetzt, wo ich weiß, dass ich dazu kein lebensfremder, wissenschaftsfeindlicher Einsiedler werden muss.

Super ist, dass ich mich mit Pia über diese Themen austauschen kann und dass da echt was zwischen uns entstehen könnte. Ob Freundschaft oder mehr – keine Ahnung, aber ich versuche es einfach so zu genießen, wie es gerade ist!

Das letzte Ferienwochenende bei Florian war richtig erholsam und wir haben auch eine Weile über den

Stress mit Moritz geredet. Florian hat auch keine Lösung, aber er hört zu und ist auf meiner Seite.

Morgen startet die Schule wieder, und es macht mich noch immer traurig und wütend, dass ich dort wieder den zähen Alltag ohne Florian durchstehen muss. Pia ist wirklich nett, und wir haben einen guten Draht, aber ich rechne nicht damit, dass sie etwas gegen Moritz tun kann …

Heute Nachmittag habe ich noch mal mit Matteo telefoniert, und er hat mir erneut Mut gemacht, mit unserem Schulsozialarbeiter zu sprechen. Und nach langem Zögern habe ich mir jetzt einen Ruck gegeben – ich werde es versuchen! Ich werde gleich auch mal mit meinen Eltern reden. Über Moritz – und auch über all das, was ich mit Matteo erlebt und besprochen habe. Das ist echt eine spannende, neue Welt für mich. Also, ich werde unbedingt dranbleiben … Und du?

Wenn du dich weiter mit Fragen rund um Gott, Jesus und den Sinn des Lebens befassen willst, dann hab ich da ein paar Tipps für dich – also, die hab ich alle von Matteo. Schau mal auf die nächste Seite.

Ich wünsch dir jedenfalls, dass du wie ich offen und neugierig bleibst!

Dein Quinn

Anhang

Wenn du Hilfe brauchst

Bleib nicht allein mit deinen Sorgen!

Eine Möglichkeit, bei der du anonym bleiben kannst:

CHRIS Sorgentelefon für Kids und Teens

www.chris-sorgentelefon.de

Telefon: 0800–120 10 20 (Mo–Fr von 14–19 Uhr)

Tipps zum Weiterlesen

Lee Strobel:

Der Fall Jesus – für Teens.

Ein Journalist auf der Suche nach der Wahrheit.

Gerth Medien, 7. Auflage 2022

ISBN 978-3-95734-036-8

Ist die Bibel nur ein Märchenbuch oder sind die Wundergeschichten mit Jesus wirklich wahr? Gibt es Beweise dafür, dass er von den Toten auferstanden ist? Der Journalist Lee Strobel will es genau wissen und begibt sich auf Spurensuche. Als Atheist ist er der Meinung, dass er selbstverständlich jede Menge Fakten gegen die Legenden um Jesus finden wird.

Aber genau das Gegenteil geschieht. Folge ihm durch den größten Kriminalfall der Geschichte. Lies die Berichte von Augenzeugen und Historikern, von Fachleuten aus Archäologie und Naturwissenschaft und nimm die Indizien unter die Lupe. Was ist wirklich dran an diesem mysteriösen Jesus?

Armin Kistenbrügge:
#gottesgeschichte.
Seine Story mit dir und der Welt.
Bibellesebund/Gerth Medien 2015
ISBN 978-3-95734-045-0

Was wäre, wenn du die Bibel als eine große Geschichte kennenlernen könntest? *#gottesgeschichte* erzählt dir die wichtigsten biblischen Episoden in einem Rutsch: spannend und mit hohem Tempo. Die Bibel im Schnelldurchlauf sozusagen. Ein Buch wie ein Filmtrailer – durchgehend farbig gestaltet –, das dir den Sinn für die ganze Story vermittelt, den roten Faden sichtbar macht und Lust auf mehr weckt.

Susanne Niemeyer:
Siehst du mich?
Auf der Suche nach Gott.
Verlag Herder 2021
ISBN 978-3-451-71621-8

Mit einer Mischung aus Texten und kreativen Anregungen möchte Susanne Niemeyer inspirieren und einladen, sich selbst Gedanken über Gott und die Welt zu machen und einen eigenen Zugang zu Gott zu finden. So gibt es im Buch jede Menge witzige und ungewöhnliche Ideen zum Weiterdenken, -schreiben, -malen oder -kritzeln.

MEIN GLAUBE.
MEIN LEBEN.
Teensmag
Teensmag
Gott begegnen.
Auch Zuhause.
Teensmag bietet sechs Mal im Jahr alles, was man im Alltag zum Weiterglauben braucht – zwischen Schule, Jugendgruppe und Freizeit.
Mehr Infos: www.teensmag.net

1. Auflage 2023
Bestell-Nr. 817953
ISBN 978-3-95734-953-8

Umschlaggestaltung: Andi Sonnhüter
Umschlagmotiv: Shutterstock • Anton Vierietin
Satz und Gestaltung: Immanuel Grapentin
Druck und Verarbeitung: GGP Media GmbH, Pößneck
Printed in Germany

www.gerth.de